사는 동안
한 번은
팔아봐라

BUY

평범한 직장인이 '잘 파는 뇌'로 경제적 자유를 이룬 비밀

사는 동안
한 번은
팔아봐라

서 과장 지음

SELL

M mindself

추천사

세상에 돈 버는 방법은 3가지가 있다. 첫째, 열심히 일하는 것. 둘째, 가진 돈을 잘 굴리는 것. 셋째, 무언가를 잘 파는 것. 당연히 한 가지만 하는 사람보다 두 가지 혹은 세 가지를 하는 사람이 훨씬 더 잘 벌게 된다.

당신이 만약 더 큰 돈을 벌고 인생을 변화시키기 위해 돌파구를 찾고 있다면 '잘 파는 법'을 친절하게 안내하는 이 책을 보았으면 한다. 내가 아는 서 과장은 '가장 잘 파는 사람'이기 때문이다. 그뿐 아니라 그의 가르침으로 인생을 바꾼 수백 명의 사람들이 그것을 증명한다.

이 책을 읽고 잘 파는 사람이 되어 지금보다 더 큰 돈을 버는 새로운 세상을 경험하라.

-너나위((월급쟁이 부자로 은퇴하라) 저자, 부동산 투자 전문가)

생산자적인 관점에서 바라보기 위해서는 많은 경험이 필요하다. 이 책에는 서 과장이 5년간 판매를 하면서 겪었던 모든 순간에 대한 노하우와 생각하는 방식이 쉬운 언어로 담겨 있다. 언어가 쉽다고 해서 내용도 가벼운 것은 아니다. 모든 순간마다 겪었던 고민의 크기가 작지 않았던 것을 이 책을 읽으면서 더 많이 느꼈고, 그가 고민하는 순간에 느꼈던 감정에 공감하기도 했으며 많은 부분을 배우고 감탄하기도 했다. 만약 판매자로서 삶을 시작하고 싶은 분들이 있다면 이 책을 추천하고 싶다. 돈을 들이지 않고도 많은 부분을 경험할 수 있을 것이다.

-주언규(54만 구독자 (주언규) 유튜브 채널 운영, 유튜브 전문가)

서 과장을 처음 알게 된 계기가 있다. 2년 전 온라인 판매자들을 협박하며 개인적 이익을 취하는 사람들이 나타난 적이 있었다. 이 과정에서 서 과장이 누구보다 적극적으로 해결을 하려는 모습을 보고, 함께 대책을 마련하기로 합심하며 인연이 닿게 됐다.

당시 판매자들의 약점을 잡고 협박을 하는 이들에게 고소를 당한 회원을 위해 사비까지 털어 변호사까지 지원해주는 모습을 보며 깊은 인상을 받았다. 이렇듯 내가 아는 서 과장은 그 어떤 사람보다 인격이 훌륭한 사람이다.

이런 서 과장이 본인과 수강생들의 경험을 바탕으로 온라인에서 판매 활동을 처음 시작하는 사람들을 위한 책을 출간했다. 사업을 진행하는 과정에서 누구나 겪게 되는 내용들이고, 어떻게 해야 이런 문제 상황을 잘 극복하며 성장해 나갈 수 있는지 자세히 설명한 이 책을 여러분에게 강력 추천한다.

-정영민(트렌드헌터 대표, 26만 구독자 〈정영민 TV〉 유튜브 운영)

잘 파는 사람이 결국 성공한다. 이 공식은 태초부터 지금까지 변함없는 '불변의 법칙'이다. 나를 팔거나, 물건을 팔거나, 서비스를 팔거나, 회사를 팔거나. 뭐가 됐든 잘 파는 사람이 각 분야에서 인정받는 능력자가 되는 것이다. 잘나가는 서 과장은 내가 인정하는 실전 세일즈 분야 최고 전문가 중 한 사람이다. 직원으로 시작해서 대표들도 부러워하는 서 과장이 되기까지, 그의 피나는 노력과 독특한 전략을 잘 알고 있기 때문이다. 잘 팔고 싶다면, 성공하고 싶다면 지금 당장 이 책을 열고 당신도 '잘나가는 능력자'로 거듭나길 기원한다.

- 오두환(20여 개 사업체 경영, 대학교수, 〈오케팅〉 등 8권 작가)

이상한 책이다.

온라인 사업을 하는 모두가 겪게 되는 문제들, 참고하면 좋을 책과 강의, 유튜버들을 이렇게까지 경쟁의식 없이 소개하는 책은 또 처음이다.

누군가의 5년간 온라인 사업 노하우와 시행착오를 훔쳐가기에 이 책은 무척 효율적이다.

-엠군(《엠군리스트》 유튜브 채널 운영, 100억 자산가)

직장생활에서 벗어나 돌파구를 찾고 싶다면 이 책을 읽어야만 한다. 이 책은 단순한 부업 가이드가 아니다. 성공에 다가서는 구체적인 방법들을 서 과장만의 쉽고 친근한 방식으로 알려준다. 장담컨대, 아마 책을 다 읽기도 전에 두근거리는 마음으로 책의 내용을 실천에 옮기고 있는 자신을 발견하게 될 것이다.

-정다르크(12만 구독자 〈돈 버는 비밀, 정다르크〉 유튜브 채널 운영)

수많은 사람에게 생산자 마인드를 전달하는 서 과장은 그 본인도 실로 탁월한 생산자이다.

직장생활 당시 부업부터 시작해 사업으로 연결되는 과정에서 성공과 실패의 시행착오를 직접 겪으며 경험한 소중한 내용을, 자신의 멘티들에게 아낌없이 나누는 서 과장의 선한 영향력을 꼭 누려보길 바란다.

부자가 되는 길은 멀리 있지 않다. 이 책도 그중 하나의 길이 될 것이다.

-전효백(러닝아넥스 대표)

존경하는 친구, 서 과장의 책《사는 동안 한 번은 팔아봐라》를 추천하게 되어 매우 기쁘게 생각한다. 책에 자세히 설명된 그의 여정은 다양한 채널을 통한 효과적인 판매에 대한 귀중한 교훈을 제공할 뿐만 아니라 지속적인 노력이 가져올 변화의 힘을 강조한다. 나는 서 과장의 폭넓은 독서와 경험을 통한 자기계발에 대한 의지를 목격했고, 이 책은 개인과 직업의 성장을 위한 다재다능한 지침서가 되었다는 생각을 한다.

서 과장의 차별점은 사업가로서의 성공뿐만 아니라, 그의 이타적인 비전에 있다. 한부모 가정에 대한 지원과 보육원에 있는 사회적 약자들에게, 성인이 되기 전에 마케팅 관련 콘텐츠를 가르치려는 그의 헌신은 우리 사회가 나아가야 할 올바른 방향을 제시하고 있다. 나는 서 과장 자신이 습득한 풍부한 지식을 공유함으로써 청소년이 마음의 적응력을 키우고, 성인으로 한걸음 나아갈 수 있도록 준비시키려는 멋진 계획을 응원한다.

멘토링을 통한 진정한 지도가 매우 중요한 세상에서《사는 동안 한 번은 팔아봐라》는 영감의 등불이 될 것이다. 나는 이 책의 실용적인 통찰력, 동기를 부여하는 이야기, 그리고 독자와 더 큰 공동체 모두에게 약속하는 긍정적인 메시지 등이 너무나 좋아 진심으로 지지하고 응원하기에 독자 여러분에게도 적극적으로 추천한다.

-김진삼(국민은행 임원)

프롤로그

제 유튜브 채널에 가끔 저를 "강의팔이, 프로그램팔이, 광고팔이"라고 이야기하는 사람들이 있습니다. 제가 강의를 만들어 팔고, 프로그램을 만들어 팔고, 광고대행사를 운영하며 광고서비스를 팔기 때문일 것입니다.

제가 감히 예상하건대 그분들은 돈을 많이 벌지 못할 것입니다. 저를 욕해서 그분들에게 악담하는 것이 아니라 우리가 사는 이 자본주의 세상에서는 무언가를 팔아야 돈을 벌기 때문입니다. 직장에 다니면서 돈을 번다는 것도 우리의 노동력을 팔아서 돈을 버는 것입니다. 집 앞 파리바게트 사장님은 빵을 팔아서 돈을 벌고, 테슬라는 전기차를 팔아 돈을 법니다. 작은 구멍가게나 세계적인 대기업이나 결국 돈을 번다는 것의 본질은 무언가를 판다는 것입니다. 그런데 '팔이'란 단어를 쓰며 정당하게 무언가를 파는 사람을 비하해서는 절대 자기 자신이 '파는 사람'이 될 수 없습니다. 그러니 이중인격자가 아닌 이상 돈을 많이 벌기는 어려울 테지요.

이런 맥락에서 여러분들이 다니는 직장 또한 무언가를 팔면서 돈을 벌어 여러분의 급여를 줄 것이고, 여러분들은 자신의 노동력을 판매함과 동시에 한 회사의 제품이나 서비스 판매를 돕는 일을 하고 있습니다. 넓게 봤을 때 생산직에 근무한다면 판매하기 위한 상품을 만드는 일을 하고 있는 것이고, 사무직에 근무한다면 생산된 제품을 소비자나 기업들에게 판매하는 일을 하고 있는 것입니다. "나는 회계부서에서 일하니까 판매랑은 상관없는데?"라고 생각할 수 있지만, 회계 업무 또한 더 많은 물건을 팔기 위해 반드시 필요한 업무입니다. 대기업일수록 판매에 관련된 일들이 세분화되어 본인의 업무가 판매에 연관되어 있지 않다고 느낄 수 있습니다. 하지만 궁극적으로 회사의 원활한 판매를 위해 본인의 업무가 존재한다는 걸 이해할 필요가 있습니다.

그래서 창업을 하기 위해서는 대기업에서 근무하는 것보다는 중소기업에서 근무하는 것이 낫다는 이야기가 나오는 것입니다. 사람이 적은 중소기업일수록 판매에 직접적으로 연관되어 있는 업무를 하기 때문입니다. 저도 중소기업을 다니며 해외에서 판매할 제품을 수입하고 브랜딩하고 마케팅까지 담당했었습니다. 심지어 상표권도 출원해봤습니다. 이런 판매와 직접적으로 관련된 경험들이 지금의 저를 만들어 주었습니다.

회사를 다니면서 본인이 사장인 것처럼 생각하고 일을 하는 사람이 창업을 해도 성공한다는 말을 들어보셨나요? 그것은 내가 맡은 일이 판매의 한 부분임을 인지하고 판매를 잘하기 위해 다른 부분까지 관심을 갖고 공부한다는 것을 뜻합니다. 그렇게 회사의 판매 사이클을 모두 파악하고 창업을 하면 성공할 확률이 높아지게 되는 것이죠.

그런데 이렇게 사이클을 모두 파악하고 공부하는 과정은 필연적으로 시간이 오래 걸립니다. 회사가 크면 클수록 오래 걸리죠. 그래서 제가 추천드리는 방법은 부업을 통해 무언가를 팔아보라는 것입니다. 온라인 시대가 열리면서 우리는 퇴근 후 집에서도 무언가를 팔아볼 수 있게 되었습니다. 유튜브나 블로그를 만들어 콘텐츠를 팔아볼 수도 있고, 나의 쇼핑몰을 만들어 물건도 팔아볼 수 있습니다. 실패해도 괜찮습니다. 실패의 경험은 다음 판매의 성공 확률을 높여줄 테니까요. 이런 실패와 성공의 경험이 쌓여 여러분들의 뇌는 점점 판매자의 뇌, 생산자의 뇌로 변해 갈 것입니다. 그런 뇌를 가지게 되었을 때 여러분들은 지금보다 자유로워지실 수 있습니다.

상상해 보세요. 회사에 다니면서 부업으로 5년 동안 이것저것 잘 팔기 위해 노력한 사람과 노동력 제공 외에는 판매해 본 경험이 없는 사람이 같은 시기에 회사에서 정년퇴직을 했다고 가정해 보겠습니다. 마땅히 할 게 없어 둘 다 치킨집을 창업합니다. 과연 두 사람 중 누가 치킨을 더 잘 팔까요? 당연하겠지만 5년 동안 이런저런 판매 활동을 해보면서 잘 파는 뇌를 가진 사람이 치킨도 잘 팔 수 있습니다.

요즘 시대에는 부업이 필수라고 이야기를 많이 합니다. 월급이 오르는 것보다 물가가 더 많이 올라 생활비를 벌기 위해 부업이 필수라고 이야기하는 사람도 있겠지만, 저는 조금 다르게 생각합니다. 우리 세대는 예전 세대보다 오래 삽니다. 그래서 정년이 연장되었지만 기대 수명은 그보다 더 길게 늘어났습니다. 결국 사장이 아닌 이상 언젠가는 직장을 그만둬야 하는 상황이 벌어지고 그때 잘 파는 뇌를 가지고 있지 않은 사람은 결국 도태됩니다. 정년이 끝나고도 자본주의 세상에서 살아남으려면 무언가를 팔 줄 알아야 하고, 그것이 부업이 필수인 이유라고 생각합니다.

저는 5년 동안 무언가를 잘 팔 수 있는 방법을 5,000명이 넘는 사람들에게 가르쳐왔습니다. 이 책에는 판매 초보들이 어떤 것부터 공부하면 좋을지, 어디서부터 시작해야 할지 그리고 어떤 포인트에서 힘들어하며 어떤 마음으로 이겨내야 하는지를 자세히 공개했습니다. 또한 독자 여러분께 좀 더 친근하고 재미있게 읽혔으면 좋겠다는 생각에 저를 '3인칭(서 과장)'으로 표현해 마치 멘토에게 조언을 얻는 것처럼 글을 써봤습니다.

부디 이 책이 자본주의 세상에서 여러분이 주체적인 판매자로 한 발짝 나아가는 데 도움이 되었으면 좋겠습니다.

목차

Chapter 1. # 부업에 입문하다

BUY

Chapter

1

부업에 입문하다

SELL

회사 몰래 유튜브 하다
걸린 서 과장

"김 과장님, 얘기 들으셨어요? 서 과장님 유튜브 하다 사장 딸한테 걸렸다는데요?"

"진짜? 하여튼 내가 허튼짓할 때부터 그럴 줄 알았지…."

3달 전부터 《부의 추월차선》을 들고 와서는 자는 동안에도 돈이 들어오지 않으면 평생 가난하게 살 거라고 침 튀기며 이야기하던 서 과장이 결국 회사 몰래 유튜브를 하다 걸렸나 보다. '그래도 그 재미없는 유튜브를 누가 보긴 보나 보네' 싶어서 부장님께 서류 도장 받으러 가는 김에 슬쩍 본 서 과장의 얼굴은 생각했던 것보다 평온하다.

"서 과장, 커피 한잔?"

"좋지!"

회사 뒤편에 주차된 차들 틈에서 나는 걱정을 담아 서 과장에게 이야기를 건넸다.

"유튜브 하는 거 걸렸다며? 그래서 내가 애초에 그런 거 하지 말랬잖아. 어떻게 걸렸냐? 회사에서는 뭐래?"

"아… 사장 딸 지인이 내 유튜브 구독자인데 사장 딸한테 우리 회사에 서 과장이란 사람 있냐고 물어봤대. 집에서 영상 촬영했을 때 회사 유니폼이 뒤에 걸려 있었나 봐. 구독자가 1,000명도 안 되는데 신기하네."

"야, 이게 웃을 일이냐? 우리 회사 겸업 금지인데 괜찮겠어?"

"중소기업의 가장 큰 장점이 뭔지 알아? 바로 그만둘 때 그렇게 아쉽지 않다는 거야. 자르려면 자르라고 해."

내 걱정과는 다르게 회사에서는 서 과장에게 별다른 이야기를 하지 않은 모양이었다. 서 과장은 더 대담해졌다. 아침에 일찍 나와 칠판이 있는 회사 사무실에서 유튜브 영상을 찍었고 심지어 회사 재고를 본인 유튜브에 소개해 팔기까지 했다. 원래 또라이 끼가 있었는데 점점 더 심해지는 것 같다.

서 과장과 나는 입사 동기로 얘는 처음 봤을 때부터 좀 특이했다. 새로 온 부사장이 의욕이 넘쳐 아침마다 전 직원들을 모아 놓고 한 명씩 돌아가며 하고 싶은 말을 하라고 한 적이 있었다. 다른 사람들은 무슨 말을 해야 할지 쭈뼛쭈뼛할 때 서 과장은 사람들 앞에서 Jason Mraz의 I'm yours를 불러 줬다. 또 새로운 영업부 장이 부임해 각자 소개하는 자리에서 남들은 그냥 평범하게 자기 소개를 할 때 본인이 영업부의 떠오르는 별이라고 큰 소리로 외치기까지 하던 좀 독특하고 남의 시선을 그렇게 신경 쓰지 않는 동료이자 친구다.

그렇게 서 과장의 유튜브 에피소드가 잊혀질 때쯤 서 과장은 회사를 그만둘 거라며 나를 찾아왔다.

"나 회사 그만둘 거야!"

"왜? 왕 과장 때문에?"

서 과장은 직속 선임인 왕 과장 때문에 가끔 힘들어했다. 왕 과장은 업무가 끝나고도 툭하면 서 과장을 개인적으로 불러댔고 술만 취하면 개로 변하기로 유명했다. 한번은 왕 과장이 기분 나쁜 일이 있었는지 서 과장을 불렀다가 혼내고, 다시 부르고 혼내고를 연속으로 5번 한 적이 있었다. 그때 서 과장은 정말 열이 받았는지 사람들 다 듣는 데서 왕 과장에게 "지금 한 대 칠 건데 여기서 칠까? 나가서 칠까?"라고 이야기했던 적도 있다. 그때 정말 황당하면서 웃겼는데 회사생활을 나름 잘했던 서 과장이 그만둘 이유는 왕 과장밖에 없다는 생각이 들었다.

서 과장이 대답했다.

"왕 과장도 왕 과장인데 나 유튜브랑 부업이 잘돼서 한 달에 천만 원도 더 넘게 벌게 됐어."

"정말? 아니, 뭘 어떻게 하는데 천만 원을 넘게 버냐?"

내 기억에 유튜브를 시작한 지 1년도 채 안 됐는데 천만 원을 넘게 벌었다는 게 믿기지 않았다.

"유튜브하고 온라인 쇼핑몰도 하게 됐는데 그게 운 좋게 잘 풀렸어."

"오… 축하한다. 그래도 회사 다니면서 부업하는 게 낫지 않아? 회사 나가면 지옥이라던데…."

"나도 걱정은 되는데 회사 다닐 시간에 판매에 집중하면 돈이 더 벌릴 것 같아서 그만두려고. 응원해줘."

그 말을 끝으로 서 과장은 정말 회사에 사표를 냈다. 실행력 하나는 진짜 미친 놈이다. 그렇게 서 과장은 회사를 떠났다. 이야기를 나눌 회사 동료가 사라져서 마음이 조금 허했지만 다시 일상으로 돌아오는 데는 그리 오랜 시간이 걸리지 않았다. 서 과장은 가끔 자기가 없으면 회사가 안 돌아갈 거라고 허세 넘치는 말을 했는데, 개뿔 회사는 잘만 돌아갔다. 아니, 오히려 매출이 늘었다.

서 과장이 회사를 떠나는 날 왕 과장이 서 과장에게 송별 파티를 하자는 이야기를 꺼냈다. 서 과장은 작은 회의실로 왕 과장을 부르더니 "당신 때문에 회사 나가는 건데 무슨 송별회냐"고 "인생 그렇게 살지 말라"며 회사를 떠났다더라. 그리고 나서 얼마 후 왕 과장이란 사람은 회사에서 잘리고 말았다.

김 차장의 뜨뜻미지근한 삶

나도 시간이 흘러 차장이 되었다. 급여도 50만 원이나 올랐다. 나이 35살에 중소기업 다니면서 350만 원 벌면 나름 괜찮은 것 같다. 회사도 그렇게 힘들지 않고 또 우리는 맞벌이라 둘이 합치면 월 700만 원은 번다. 이 정도면 남들 다 가는 해외여행도 1년에 한 번 정도는 갈 수 있고, 주말에 국내 여행도 많이 다닐 수 있다. 집도 보증금 1억 전세에서 보증금 1억 2천에 월 30만 원 조금 더 큰 반전세 빌라로 옮겼다. 이 정도면 중산층 아닌가? 나쁘지 않은 삶이다. 아니, 나쁘지 않은 삶이었다. 아이가 태어나기 전까지는….

아이가 태어나니 삶이 180도 바뀌기 시작했다. 가장 크게 바뀐 것은 용돈이었다. 우리가 월 700만 원을 버는데 용돈 30만 원이 말이 되는가. 그것도 30만 원에 휴대폰 통신비가 포함이다. 근데 말이 되고도 남았다. 맞벌이인 우리는 아이를 봐줄 사람이 없어 육아 도우미를 고용해야 했고 그분한테 한 달에 200만 원이 나갔다. 500만 원으로 3명이 살 수 있냐고? 당연히 살 수 있다. 하지만 돈을 모으기가 쉽지 않다. 전셋집을 장만할 때 부모님이 돈을 빌려주셔서 매달 20만 원씩 이자로 드렸고, 부모님이 들어준 보험료가 매달 40만 원이 넘었다. 내가 어렸을 때부터 나를 위해 변액 유니버셜 종신보험을 들어주셨는데 그 보험료만 한 달에 18만 원이다. 결혼 후에 그 보험들이 나한테 넘어온 순간부터 큰 부담이었지만 이미 납입하신 횟수가 있어 해지할 수도 없었다.

아이가 태어나니 싸우지 않던 나와 와이프도 점점 싸움이 잦아지기 시작했다. 별것 아닌 싸움이었지만 결국에는 돈 문제로 끝나기 일쑤였다. 뚜렷한 미래가 그려지지 않는다는 불안감이 분노로 바뀌는 것은 정말 쉬운 일이었다. 애초에 두 감정이 같은 감정이라는 생각도 들었다.

그러던 중 우리 부부에게도 희망적인 일이 생겼다. 아이가 태어나니 청약점수가 높아져서 계속 넣어봤던 청약이 드디어 당첨된 것이다. 복정 희망타운 59㎡ 전용면적 18평. 교통 좋은 복정에 아파트가 당첨되다니 정말 운이 좋았다. 와이프도 친구들한테 문자를 보내며 자랑하고 난리였다. '드디어 새 아파트에서 아이를 키울 수 있겠구나. 새 아파트면 근처에 초등학교도 있겠지?' 희망에 부풀었다. 지금 있는 빌라에서 초등학교를 보내려면 1km가 넘기 때문에 마음 한편에 큰 걱정으로 자리 잡고 있었다.

부푼 꿈에서 깨어 점차 현실 세계로 돌아오니 걱정이 산더미였다. '당첨은 됐는데 청약 잔금을 어떻게 마련해야 할지, 지금으로부터 5년 뒤 입주까지 우리가 1억이라는 돈을 모을 수 있을지, 1년에 2천만 원을 모아야 5년 동안 1억을 모을 수 있는데, 한 달에 100만 원도 너무 어렵게 모으고 있는 지금인데, 입주를 하더라도 대출이자를 내고 관리비까지 내면 과연 생활을 할 수 있을까? 그때까지 돈을 못 모으면 친가에 빌려야 하나, 외가에 빌려야 하나…' 그렇게 답이 없는 고민들이 밀려왔다. 더 충격적인 일은 신혼 희망타운 분양가는 59㎡에 6억 7천만 원이었는데 막상 뚜껑을 열어보니 7억 3천만 원으로 약 10%나 높게 분양가가 책정되었다.

'와 이렇게 뒤통수를 치나.' 정치인들을 향한 욕이 절로 나왔다. 이러니 대한민국에서 애를 못 낳는 것이다. '우선 아낄 수 있는 것부터 아끼자'라는 생각에 외식을 줄이고 평소라면 밖에서 마실 술도 거의 집에서 마셨다. 답이 없는 미래를 생각하면 늘 술이 당겼다. 오늘도 과자 한 개에 맥주 한 병을 땄는데 와이프가 한소리를 한다.

"술 좀 그만 먹어. 건강 안 좋아져."

"힘들게 일하고 왔는데 나도 즐길 시간은 있어야지!"

유부남은 회사에서도 욕먹고 집에서도 욕먹고 도대체 정말 설 자리가 없다. 술 한잔 마음껏 못 마시는 게 말이 되나. 그래도 청약도 당첨되고 아이도 잘 크고 있고 잔소리하는 마누라도 있으니 이 정도면 좋은 삶이지.

아니, 좋은 삶이었다. 아버지가 폐암에 걸리시기 전까지는….

인생은 계획한 대로
흘러가지 않는다

정말 다행이었다. 와이프가 아버지에게 건강검진을 꼭 받으라고 생신 선물로 예약해준 검진에서 암이 발견된 것이다. 초기 암이라 수술로 마무리 지을 수 있었다. 담배를 많이 피우셔서 걱정이었는데 암 수술 이후 그렇게 오래 피우시던 담배도 끊으셨다. 그런데 암보다 무서운 게 합병증이었다. 폐 쪽에 구멍이 나서 온몸이 부었고 정말 죽을 고비를 넘기셨다.

일하러 움직이면 또 폐에 구멍이 벌어질지 모르기 때문에 아버지는 요양을 하셔야 했다. 생활비가 필요했고 장남인 내가 가만히 있을 수 없었다. 나는 와이프와 상의해서 친가 쪽에 생활비를 더 보내드리기로 했다. 내가 드리는 생활비는 아버지한테는 소중한 돈이었지만 그 돈 때문에 우리 가정의 미래는 더 어두워졌고, 그 어두운 미래는 다시 한번 우리들의 불안감을 건드렸다. 그 불안감은 분노로 변해 또 싸움으로 이어졌다.

이때쯤이었다. 내가 부업을 해야겠다고 마음을 먹은 순간이. 부업을 알아보던 중 내가 할 수 있을 만한 부업은 배달대행 알바였다. 나는 자전거 타는 것을 좋아해서 지금 자전거 회사에 다니고 있고, 자전거를 타면서 할 수 있는 배달대행은 나에게 딱 맞는 최고의 부업이었다.

퇴근 후 나는 전기 자전거로 배달대행 알바를 했다. 하루에 많게는 4만 원도 벌어보고 건강도 챙기니 1석 2조라는 생각이 들었다. 하루하루가 보람됐다. 일을 할수록 요령이 늘고 한 달 추가 수익이 100만 원 넘게 벌린 적도 있었다. 점점 더 욕심이 났다. 와이프도 추가 수익을 가져오는 나를 대단하다고 추켜세워줬다. 배달대행을 하면서 조금씩 신호를 기다리는 시간이 아까웠고 신호를 어기는 일이 잦아졌다. 그러다 사고가 났다. 신호위반이 일상이 됐던 나는 또 무감각하게 신호위반을 해서 달렸고 갑자기 나온 차를 피하려다 넘어져 발목을 다쳤다. 꽤 심하게 다쳐 배달대행 부업을 당분간 못하게 되었다. 와이프에게는 거짓말을 했다. 배달대행하다 미끄러져 넘어졌다고…. 와이프는 고생했다며 애를 재우고 나를 간호해주었다.

와이프가 날 간호해주면서 '월급쟁이 부자들' 유튜브 채널을 켜놨다. 아마 청약 당첨된 아파트가 오를지 어떨지 궁금했나 보다. 그런데 그곳에 내가 잘 알고 지냈던 사람이 출연했다. 110만 구독자가 넘는 채널에 나의 옛 동료이자 친구였던 서 과장이 나온 것이다. 서 과장이 회사를 떠난 지 5년 만이었다. 유튜브 채널에 등장한 서 과장은 직원 10명이 넘는 회사의 대표가 되어 있었고 전국에 지점이 6개나 있었다.

그는 회사에서 나온 지 5년 만에 완전히 다른 사람이 되어 있었다.

5년 만에 한 연락

5년 동안 사는 게 바빠 연락 한번 못했다. 그래도 반가운 마음에 카톡을 보내봤다.

"서 과장~ 월급쟁이 부자들 나왔던데 잘나가네."

"아! 봤어? 김 과장, 아니 이제 차장인가? 김 차장 오랜만이야. 잘 지내지? 회사는 별일 없고?"

"회사는 별일 없지. 애 키우느라 정신없다."

"오, 축하한다. 몇 살이야?"

"이제 3살이야."

"많이 키웠네~ 왜 돌 때 연락 안 했어?"

"그냥 가족끼리 조촐하게 해서 연락 안 했어."

오랜만에 이런저런 안부 인사를 나누다가 서 과장이 카톡으로 30만 원짜리 백화점 상품권을 선물로 보내왔다. 나는 처음에 3만 원을 보낸 줄 알았다.

"뭘 이런 걸 다 줘."

"딸 옷 한 벌 사줘."

"아이고 고맙다! 다음에 연락하자."

와이프한테 선물 받은 상품권을 보내주면서 서 과장 이야기를 했다. 와이프가 선물을 보더니 금액이 너무 큰 것 아니냐고 물었고 그제야 30만 원짜리라는 걸 알았다. 순간 고맙다는 생각과 동시에 불쾌감이 밀려들었다. '이게 돈 잘 번다고 지금 유세 떠나?' 나는 당장 카톡을 했다.

"야, 뭘 30만 원을 보냈어. 이걸 어떻게 받냐?"

"친구 딸인데 이 정도는 해줘야지. 부담 갖지 마. 돈 많으니까 괜찮아."

마음속에서 불길이 치솟았다. 제 딴에는 부담 갖지 말라고 한 말이었겠지만 굉장히 고깝게 들렸다.

"그래도 너무 부담되는데… 그냥 돌려줄게."

"어? 안 그래도 되는데 뭐… 네 맘이 불편하다면 알겠어."

나는 상품권을 돌려주었고 그제야 마음이 편해졌다. 그리고 정말 오랜만에 정확히는 유튜브 채널을 열었다고 구독해달라고 한

날 이후 처음으로 서 과장이 운영하는 '잘나가는 서 과장'이란 채널에 들어가 봤다. 서 과장 채널에는 부업으로 구매대행업을 시작해 돈을 벌었다는 수강생들 인터뷰 영상들이 채워져 있었다. 인터뷰 영상을 한 15분 보다가 껐다.

'이것도 컴퓨터 잘하는 사람이나 되지. 나는 컴퓨터도 잘 못하는데 내가 하면 뭐 되겠어?'

영상을 끄면서 앞으로 다시는 서 과장과 연락할 일이 없다고 생각했다. 와이프가 서 과장의 열렬한 팬이 되기 전까지는….

와이프의 요청

와이프는 내가 발목을 다친 것을 보고 경제적인 위기감을 느꼈나보다. 어느 날 갑자기 대뜸 와서는 본인이 서 과장 채널 영상들을 다 봤다며 온라인 부업을 해보겠다고 선언했다. 그것까지는 좋은데 서 과장한테 어떤 부업을 하면 좋을지 물어보게 지인 찬스 좀 써달라고 부탁했다. 나를 간호해줄 때 '월급쟁이 부자들' 채널에 나온 서 과장을 보면서 내가 서 과장과 얼마나 친했는지를 자랑했던 게 화근이었다. 계속되는 와이프의 채근에 마지못해 서 과장한테 다시 연락을 했다.

"서 과장? 아니, 서 대표라고 불러야 되나? 모르겠네."

"아이 뭔 대표야, 그냥 서 과장이라고 불러. 나는 서 과장이 편해."

"그래그래. 다름이 아니고 우리 와이프가 온라인 부업을 하려고 하는데 어떤 것을 해야 될지 모르겠다고 좀 물어보라고 하네. 요즘 뭐 할 만한 부업 있어?"

"음… 부업? 와이프가 사업자 낼 수 있나?"

"아니, 와이프 회사 겸업 금지라 사업자는 못 낼 것 같아."

"그래? 그럼 블로그나 티스토리 아니면 워드프레스부터 해보는 게 어떨까?"

"블로그는 알겠는데, 티스토리랑 워드프레스는 뭐야?"

"네이버 블로그에 글을 써서 사람들이 많이 보면 네이버에서 네가 쓴 글에 광고를 붙여 조회수당 광고료를 주는 게 네이버 블로그로 돈을 버는 건데, 네이버에서 주는 광고료보다 구글에서 주는 광고료가 더 비싸거든? 블로그에는 구글 광고를 붙이지 못하게 해서 티스토리라는 플랫폼이나 워드프레스를 이용해서 구글 같은 곳에 글을 올리면 구글 광고를 붙일 수 있어서 광고료를 더 받을 수 있고 이런 이유로 티스토리, 워드프레스 부업을 하지."

"근데 사람들이 다 블로그를 검색하지. 티스토리, 구글 이런 데는 잘 안 쓰잖아?"

"뭐 그럴 수도 있는데 요즘 구글 검색도 많이 하는 추세고 블로그 글을 보게 하면서 티스토리 글과 연결시키는 방법도 있고 그래."

"그래? 어쨌든 블로그라… 오케이! 내가 와이프한테 이야기해 볼게."

그날 나는 와이프한테 서 과장이 부업으로 블로그를 추천했다고 이야기를 했고 와이프는 자기 친구 중에 블로그 하는 애가 있는데 노력한 만큼 돈을 벌지도 못한다고 나를 타박했다. 와이프는 티스토리와 워드프레스는 들어본 적도 없다며 더 획기적인 부업이 없는지 다시 물어봐달라고 했다. 자꾸 카톡으로 물어보니 그냥 서 과장한테 밥을 사주면서 이것저것 물어봐야겠다고 생각하고 서 과장과 약속을 잡았다. 서 과장은 바쁘지만 흔쾌히 만남에 응해줬다. 오랜만에 만난 서 과장은 눈썹 문신을 했고 조금 더 마른 것 같았다.

"눈썹 뭐야?"

"아, 구독자들이 하도 눈썹 문신하라고 해서 해봤어. 나는 구독자의 의견을 수용하는 유튜버니까."

"근데 구독자가 11만 명이면 좀 사람들이 알아보고 그러지 않아?"

"응, 가끔 알아보는데… 처음에는 되게 좋았다가 지금은 굉장히 행동하는 데 조심스러워져서 그렇게 좋지는 않더라고."

"그나저나 와이프가 그러는데 블로그는 돈이 별로 안 된다고 다른 부업 좀 알려달라는데?"

"그래? 사업자를 낼 수 있으면 온라인 쇼핑몰 부업을 추천하는데 사업자를 못 낸다고 하니 제휴마케팅을 해보는 건 어때?"

"제휴마케팅? 그게 뭐야?"

"쿠팡 파트너스라고 들어봤어?"

"아니, 쿠팡 파트너스가 뭔데?"

"쿠팡에서 파는 제품들을 홍보해서 대신 팔아주면 홍보해주는 대가로 3%를 받는 쉽게 말해 광고대행 같은 거야. 이거 잘하면 사업자를 안 내고도 얼마간 돈을 벌 수 있지."

"아니, 근데 내가 홍보해서 판 제품인지 아니면 그냥 일반 소비자가 검색해서 산 제품인지 쿠팡이 어떻게 구별해?"

"쿠팡 파트너스에 가입해서 들어가 보면 쿠팡에서 파는 제품들을 검색할 수가 있고 그 제품을 클릭하면 너만의 제품 url이 생성돼. 그래서 제품 홍보를 할 때 너만의 url을 붙이면 관심 있는 사람들이 그 url로 접속을 하고 접속한 다음 24시간 동안 쿠팡에서 구매한 제품의 3%를 너한테 광고 수수료로 나눠주거든. 그리고 재밌는 건 꼭 네가 홍보한 제품이 아니라 다른 제품을 사도 24시간 내에만 사면 너한테 3%의 수수료를 주지."

"내가 홍보하지 않은 제품을 구매해도 3%를 준다고?"

"응. 그래서 사람들이 클릭만 유도하는 경우가 많아."

"그러면 쿠팡 제품들을 어디에 홍보해야 돼?"

"사람들이 많이 쓰는 온라인 플랫폼이면 어디든 해도 되지. 유튜브, 네이버 블로그, 네이버 지식인, 카페, 인스타그램, 페이스북 등등."

"그럼 결국 그런 플랫폼들을 어떻게 활용해야 되는지 알아야겠네?"

"응. 그래서 네이버 블로그 먼저 해보라고 한 거야. 블로그를 하면 조회수만으로 돈을 버는 게 아니라 쿠팡 파트너스, 체험단 등등 돈 벌거리가 많거든. 그리고 더 중요한 다른 이유도 있고."

"중요한 다른 이유? 그게 뭔데?"

"내가 하나하나 다 설명해주고 싶은데 생각보다 바빠서 시간이 없거든? 그래서 내가 쓴 전자책을 보내줄 테니까 읽어보고 모르는 게 생기면 그때 다시 물어볼래?"

"어… 그래. 알았어."

뭔가 쉬운 온라인 부업이 있을까 해서 만났더니 이거 뭐 점점 더 복잡해지는 기분이다. 카톡으로 보내준 전자책은 《부생부사(부업에 살고 부업에 죽는다)》라는 제목을 달고 있었다. 이놈이 예전부터 무협지를 그렇게 좋아하더니 아직도 버릇을 못 고쳤나 보다.

뭔가를 파는 사람이
된다는 것

와이프에게 전자책을 주니 하루 만에 무슨 말인지 하나도 모르겠다며 당신이나 해보라는 통보를 받았다. 그래도 서 과장이 나름 신경 써서 준 전자책의 목차를 천천히 살펴보았다.

1. 왜 부업을 해야 하는가?

2. 온라인은 알고리즘으로 돌아간다

3. 생산자 마인드가 가장 중요하다

첫 장부터 별로 마음에 들지 않았다. '아니, 부업을 돈 더 벌려고 하지 또 무슨 이유가 있어?' 서 과장은 책에서 '부업은 확장성이 있어야 한다'고 했다. 배달대행 같은 노동력을 투입해서 하는 부업은 확장성이 없다고 적혀 있었다. 내가 나름 보람차게 했던 배달대행이 무시당한 것 같아 기분은 좋지 않았지만, 확장성이 없다는 사실은 인정할 수밖에 없었다.

그럼 도대체 어떤 부업이 확장성이 있는 것일까? 전자책에는 세상의 모든 돈벌이는 무언가를 파는 것에서부터 나온다고 쓰여 있었다. 취업하는 것은 나의 노동력을 팔아서 돈을 버는 것이고, 회사는 제품이나 서비스를 팔아서 이익을 남기고, 기술자들은 기술을 팔아서 돈을 번다는 것이다. 그리고 부업을 하더라도 결국 판매를 잘하는 방법과 연결되어 있는 부업을 해야 큰돈을 번다고 했다. 우리가 쉽게 접할 수 있는 앱테크나 기타 설문조사, 유튜브 시청 후 리뷰 쓰는 것과 같은 부업도 판매를 하는 것과는 연관성이 없어 부업으로는 추천하지 않는다고 했다.

그러면서 또 블로그 이야기가 나왔다. 그놈의 블로그. 블로그는 판매를 하는 것과 연결이 되어 있는 부업이라는 것이다. 블로그를 써 봄으로써 소비자들이 알고 싶어 하는 콘텐츠를 고민하게 되고, 블로그를 쓸 때 내 글이 노출되는지를 고민하게 되고, 사람들이 내 글을 읽을 때 설득력이 있는지에 대해서 고민하게 된다. 이것은 무엇을 판매할 때 근간이 되는 요소들이라고 했다.

읽다 보니 이것이 비단 온라인에서 물건을 파는 데에만 적용되는 내용이 아니라 우리 실생활에도 적용되는 이론이라는 생각이 들었다. 내가 담당하고 있는 자전거 매장 사장님들이 항상 하는 이야기가 "자전거 매장은 사람들이 많이 보이는 곳에 있어야 한다"는 것이다. 월세가 조금 비싸도 사람들 눈에 띄는 곳에 있어야 장사가 잘되고 사람들이 들어왔을 때 사장이 입을 잘 털거나 입을 잘 터는 직원들이 있어야 매출이 오른다는 이야기를 했다. 이것이 곧 노출이고, 설득력이지 않겠는가. 결국 서 과장이 전자책에서 하고 싶은 이야기는 이런 내용인 것 같다.

어차피 우리는 나이가 들어서 노동력을 팔고 싶어도 못 팔 때가 온다. 그럴 때 돈을 벌기 위해서는 무언가를 팔아야 한다. 도배 기술을 배워 도배 기술을 팔든 화장실 청소를 배워 화장실 청소 서비스를 팔든, 하다못해 보험을 팔든 뭐든 팔아야만 돈을 벌고 살 수가 있다. 그때를 대비해서 우리는 무엇을 팔더라도 잘 파는 방법을 알아야 하고 부업을 통해서 잘 파는 방법을 배우고 연습할 수 있다는 내용이다. 그리고 서 과장 본인도 부업으로 이것저것을 팔다가 지금은 교육도 팔고 프로그램도 팔아서 1년 매출액 30억이라고 한다. 그리고 잘 팔기 위해서 쓴 교육비만 5천만 원이 넘는다고 했다.

일리가 있다는 생각이 들었다. 세계의 젊은 부자들만 보더라도 다 무언가를 잘 팔아서 돈을 많이 벌어 부자가 됐다. '나도 돈을 벌려면 무언가를 잘 파는 사람이 되어야겠구나'라는 생각이 들었다. 그런데 지금 나는 무엇을 팔 수 있지? 내가 지금 팔 수 있는 것은 나의 몸뚱이, 곧 노동력뿐이다. 이것 말고는 생각나는 게 없었다. 아무래도 다시 서 과장을 만나봐야 할 것 같다.

남의 제품을 팔아보다

"서 과장, 궁금한 게 있어."

"응? 뭔데?"

"뭘 팔아야 한다는 건 알겠는데 나는 내 몸뚱이밖에 팔 게 없는데? 뭘 팔아야 될까?"

"팔 게 없으면 전에 얘기했던 쿠팡 파트너스로 물건을 한번 팔아봐."

"쿠팡 물건을 어디서 팔아?"

"블로그!"

그놈의 블로그… 그래, 내가 한번 써보고 만다. 회사가 끝나고 애를 재우고 나는 생전 처음 블로그를 개설했다. 블로그 하나를 개설하는데도 진이 쏙 빠졌다. 결국 글을 쓰진 못했다. 다음 날에는 회사에서 야근을 시켰다. 그리고 다음 날에는 아이가 아파 블로그 생각은 해보지도 못했다. 그리고 며칠이 지났다. 서 과장한테서 연락이 왔다.

"블로그는 써봤어?"

"아니… 회사 야근에 애가 아프고 아주 난리도 아니었어."

"음… 김 차장. 그러지 말고 나랑 '환경설정'이라는 것을 해보는 게 어때?"

"환경설정? 그게 뭔데."

"나도 요즘에 글을 쓰고 있는데… 잘 안 써지거든? 그래서 우리 서로 할 일을 안 하면 페널티를 주자. 너는 블로그 글을 하루에 한 번씩 안 쓰면 나한테 만 원을 주고 내가 하루에 글 1,000자를 안 쓰면 나도 너한테 10만 원을 줄게."

"야! 너는 10만 원이고 나는 왜 만 원이야? 할 거면 똑같이 10만 원으로 해."

"그래! 그럼 서로 몇 시가 되든 그날 글 쓴 거 상대방한테 보내주고 자는 거다!"

"좋아!"

지는 것 같아서 10만 원이라고 했는데 10만 원이면 내 한 달 용돈의 1/3이다. 근데 언제까지 매일 써야 되는 거지? 어떤 제품에 대한 글을 써야 되는 거지? 이런저런 생각을 하다 밤이 되었다. 어떤 제품에 대한 글을 쓸까 고민하다가 최근에 쿠팡에서 샀던 청소기가 생각이 났다. 청소기 사진 몇 장을 찍고 블로그에 글을 썼다.

> **제목 :** 쿠팡에서 산 37,000원짜리 청소기
>
> **내용 :** 이 청소기는 무선 청소기로 선 없이 청소가 됩니다.
>
> (사진)
>
> **파워 조절이 5단계까지 되어서 파워가 셉니다.**
>
> (사진)

글을 써보니 굉장히 허접한 것 같아서 계속 고쳤다. 밤 12시 쯤 서 과장에게서 하루 1,000자 글쓰기가 끝났다며 카톡이 와 있었다. 나도 결국 새벽 2시가 되어서야 블로그 글쓰기를 마쳤다. 업로드를 하고 사진을 찍어서 서 과장에게 카톡을 보내고 잠이 들었다.

아침에 눈을 뜨자마자 내가 확인한 것은 내가 쓴 글의 조회수였다. 블로그에 접속해서 밤사이 누군가 내 글을 클릭했는지 조회수를 확인해 보니 조회수가 0이었다.

'그래… 첫술에 배부를 수 없지.'

그래도 뭔가 해냈다는 생각에 내심 뿌듯했다. 점심을 먹고 블

로그에 접속해 보니 여전히 조회수는 0이었다.

둘째 날에는 집에 쓸만한 제품이 없어서 쿠팡에 있는 제품들 중 내가 가장 관심 있어 하는 노트북에 관해서 블로그 글을 썼다. 2일째까지 나의 조회수는 0이었는데 3일째 되는 날 당구채에 관해 쓴 글과 노트북에 관해 쓴 글의 조회수가 1씩 올라갔다. 아침에 1이었던 조회수가 점심이 되니 5나 되어 있었다. 내 마음속에 상상의 나래가 펼쳐졌다. '조금 있으면 나도 돈 벌 수 있겠는데?' 부푼 꿈에 젖었지만, 나의 첫 수익 '330원'은 이날로부터 16일 뒤에 발생했다.

드디어 첫 수익을 내다

블로그에 글을 쓰기 시작한 지 7일이 지나니 알게 되었다. 나의 꾸준함의 한계는 7일 정도라는 걸. 나는 서 과장에게 따지듯이 물어봤다. 7일 동안 블로그 글을 올렸는데 물건이 한 개도 안 팔렸다. "이게 돈이 벌리긴 하는 거냐?" 따졌더니 서 과장은 나의 블로그를 살펴보고는 "당연히 이렇게 올리니까 수익이 안 나지"라고 말했다. 그리고 전자책은 다 읽어봤냐고 나에게 물었다. 나는 블로그에 글 쓸 시간도 부족해서 전자책을 다 보지 못했다고 했다. 서 과장이 심각한 표정으로 이야기했다.

"지식을 습득하지 않고 하는 부업은 쓸데없는 시간과 에너지를 소비시켜. 내가 준 전자책을 한번 정독하고 나서 실행해. 그러면 분명히 수익이 난다."

"수익이 안 나면? 어떡할래?"

오랜만에 서 과장의 빡친 모습을 보고 나는 입을 다물었다. 어차피 다리 아픈 한 달 동안은 마땅히 할 일도 없었다. 집으로 돌아와 서 과장이 준 전자책《부생부사》2편 '온라인은 알고리즘으로 돌아간다'와 3편 '생산자 마인드가 가장 중요하다'를 읽어보니 확실히 내가 지금까지 잘못하고 있다는 것을 깨달았다.

2편은 '온라인 세상은 알고리즘에 따라 점수가 매겨진다'는 내용이었다. 유튜브, 블로그, 스마트스토어 내 어떤 콘텐츠나 제품이든 랭킹화가 된다. 랭킹이 높을수록 플랫폼 상위에 노출이 되고 그럼 사람들이 제품을 구매하거나 콘텐츠를 볼 확률이 높아지는 것이다. 각 플랫폼마다 점수화하는 요소들은 다르다. 생각해 보니 그렇다. 수많은 사람이 블로그 글을 올릴 텐데 누구는 사람들한테 잘 보이는 1페이지에 노출해주고, 누구는 5페이지에 노출해준다. 하루에도 몇만 건의 글이 발행될 텐데 이것을 사람이 하는 것은 아닐 것이다. 분명히 네이버에 AI, 알고리즘이 해줄 것이고 그 블로그 글들의 순위는 어떤 요소들의 합계로 이루어질 것이다. 그리고 재미있는 것은 네이버에서 그 알고리즘이 어떻게 점수를 매기는지도 친절하게 알려줬다는 것이다. 바로 C-RANK와 D.I.A 그리고 D.I.A+ 로직이다. 이것이 무슨 내용인지는 전자책에 나와 있지 않았다. 나는 바로 서 과장 찬스를 썼다.

"서 과장! 내가 알고 보니까 온라인의 기본적인 원리를 모르고 블로그를 했네. 그 C-RANK와 D.I.A 그리고 D.I.A+ 로직이 뭐야?"

"그거 설명하기 길어. 네이버나 유튜브에서 찾아봐. 다 나와."

"그냥 네가 좀 설명해주면 안 돼?"

"김 차장, 시간은 너만 소중한 게 아니야. 그리고 너는 정보를 찾는 데 익숙해져야 돼. 네이버에서 C-RANK, D.I.A, D.I.A+ 관련된 최신 블로그를 다 읽어봐. 거기에 네가 알고 싶은 내용이 굉장히 자세히 나와 있을 거야. 왜냐고? 그 사람들도 블로그를 잘 활용해서 돈을 벌려고 할 테니까."

좀 서운했지만 뭐 서 과장도 바쁜 걸 아니까. 블로그에 C-RANK, D.I.A를 쳐보니 정말 방대한 정보들이 나왔다.

'C-RANK란, 알고리즘을 통해 해당 블로그가 주제별 관심사의 집중도는 얼마나 되는지(Context), 생산되는 정보의 품질은 얼마나 좋은지(Content), 생산된 콘텐츠는 어떤 연쇄반응을 보이며 소비/생산되는지(Chain)를 파악해 이를 바탕으로 해당 블로그가 얼마나 믿을 수 있고 인기 있는 블로그인지(Creator)를 계산합니다'라고 정의되어 있었다.

쉽게 말해서 '나의 블로그 순위' 정도라고 보면 될 것 같았다. 내가 쓴 글들이 일관되게 좋은 콘텐츠의, 영향력도 큰 글이면 C-RANK 점수가 올라가서 내 글이 노출되는 데 점수를 더 준다는 이야기다. D.I.A, D.I.A+란 내가 글 하나를 썼을 때 경험에 의해 쓰인 글이냐 독창적인 글이냐를 확인해서 점수를 더 준다는 것이다.

그런데 여기까지만 들으면 '아, 경험에 의해서 글을 써야 되는구나. 독창적인 글을 써야 하는구나' 이렇게 받아들일 수 있는데 이렇게 사람처럼 생각하면 안 된다고 한다. 내가 쓴 글을 판단하는 것은 사람이 아니다. 그렇다면 뭐가 독창적인 글일까? 우리는 네이버 AI, 알고리즘이 판단하기에 독창적인 글을 써야 한다. 그게 글자수 혹은 단어든 어떤 형태이든지 알고리즘이 판단하는 기준이 있다는 것이다. 물론 이 기준을 정확하게 알고 있는 사람은? 네이버 개발자밖에 없다. 이것은 철저히 비밀에 부쳐지기 때문이다. 하지만 많은 블로거들이 본인의 경험과 테스트를 통해서 알고리즘값을 찾아내고 유튜브나 블로그에 알려준다. 이렇게 블로거들이 알고리즘값을 찾아간다는 것을 반증하듯 네이버는 계속 알고리즘을 바꾼다. 2편 '온라인은 알고리즘으로 돌아간다' 챕터 마지막 문장에는 이런 글귀가 굵게 적혀 있었다.

'바뀌는 알고리즘을 공부하면서 따라가는 것도 중요하지만 그보다 중요한 것은 온라인 세상에서 돈을 벌고 싶다면 알고리즘처럼 사고해야 된다는 것을 꼭 염두에 둬야 한다는 것이다.'

새로운 경험으로 사고가 한번 확장되면 결코 그전의 차원으로 돌아가지 못한다.

지금까지 유튜브, 블로그, 인스타를 보기만 했지 이것이 알고리즘에 의해 점수가 매겨지고 서로 경쟁을 통해 나한테 보여진다는 사실을 처음 알게 되었다. 이제라도 알았으니 되었다. 하지만 이것을 알고 나서 블로그를 쓰는데 머리가 더 복잡해졌다. 블로그에서 검색한 상위노출을 위한 방법들 '1,400자 이상 써라, 사진을 몇 개 넣어라, gif를 몇 개 넣어라, 이런 단어를 피해라' 등등 많은 정보들이 오히려 글을 쓰는 것을 방해했다.

이것 말고도 내 머리를 더 아프게 한 것은 바로 3편 '생산자 마인드' 편이다. 이 부분에서 강조하는 것은 글이든 제품이든 잘 팔기 위해서는 내가 쓰고 싶은 글, 내가 팔고 싶은 제품을 팔면 안 된다는 것이다. 우리는 항상 상대방, 즉 구독자 혹은 소비자의 입장에서 그들이 읽고 싶은 글, 그들이 사고 싶은 제품을 팔아야 한다.

'그런데 소비자가 뭘 원하는지 내가 어떻게 아냐고….'

전자책에는 예전 오프라인 시절에는 알기 어려웠지만 지금은 온라인 세상이기에 소비자가 뭘 좋아하는지 확인할 수 있다고 나와 있었다. 그 방법은 사람들이 검색한 키워드 데이터를 확인하는 것이다. 예를 들어, 나는 오늘 C-RANK 관련 내용을 찾기 위해 네이버 검색엔진에 'C-RANK'라는 키워드를 넣어 검색을 했다. 점심을 먹을 때도 식당을 찾기 위해 '길동 맛집'을 키워드로 검색했다. 그런데 알고 보니 네이버에서 우리가 이렇게 검색했던 키워드들을 다 수집하고 있었다. 그리고 그렇게 모은 키워드들을 '네이버 데이터랩'이라는 공간에 공개하고 있었다. 우리는 그 데이터들을 기반으로 최근 사람들이 무얼 많이 검색하는지, 적게 검색하는지를 분석할 수 있었고 이를 통해 소비자의 니즈를 예측할 수 있다.

얼마 전 신림동 칼부림 사건 때 사람들은 호신용품, 삼단봉을 굉장히 많이 검색했다. 이런 추세를 빨리 알아채고 호신용품에 관련된 콘텐츠를 올린 유튜버들은 조회수 증가로 돈을 벌었고, 삼단봉을 판매한 판매자는 지마켓에서만 하루에 700개씩 제품이 팔렸다고 전자책에 쓰여 있었다. 온라인 세상에는 이미 모든 정보들이 공개되어 있었다. 다만, 내가 관심이 없었고 어떻게 활용하는 줄 몰랐던 것이다.

나는 그동안 내 글을 읽을 사람들은 하나도 생각하지 않고 내 마음대로 주제를 정해 글을 썼고, 네이버 알고리즘이 좋아하는 글을 쓰지도 않았으며, 키워드란 개념도 없이 제목을 마음대로 지었다. 그러니 다른 사람들보다 내 글의 노출점수가 현저히 떨어져 노출이 안 됐고 키워드를 넣지 않았으니 검색조차 되지 않았을 것이다. 그런데도 어떻게 내 글의 조회수가 늘었을까? 이 부분에 대해서는 너무 궁금했다. 아무리 찾아봐도 답을 찾을 수가 없었기에서 과장한테 물었다.

"너가 준 전자책을 보니까 왜 내 글의 조회수가 없었는지, 온라인 세상이 어떻게 되어 있는지 눈을 조금 뜬 것 같아. 그런데 궁금한 게 내가 쓴 블로그가 분명히 조회수가 있었거든? 알고리즘도 전혀 고려하지 않고 키워드도 제대로 넣지 않았는데 어떻게 사람들이 내 글을 보고 클릭한 걸까?"

"제목이 운 좋게 얻어걸려서 노출된 것일 수도 있고… 경우의수는 굉장히 많아. 다만 내가 생각하기에 잠깐 조회수가 올랐다가 멈췄다는 점을 미루어 짐작해보면 '최신성 점수'라는 로직이 작용했을 거야."

"최신성 점수?"

"그래, 최신성 점수. 블로그에 새로 글을 쓴 사람들한테 최신성 점수라는 것을 부여해줘서 일정 기간 사람들에게 더 노출해주는 것을 말해. 이것은 블로그뿐만 아니라 유튜브, 쇼핑몰 거의 모든 플랫폼에 적용되는 알고리즘이야."

"왜 굳이 새로 시작하는 사람들한테 그런 점수를 줄까?"

"플랫폼은 항상 신규 유저가 유입되어야 새로운 정보 새로운 콘텐츠가 생기고 또 사람들은 그런 새로운 정보 콘텐츠를 보고 플랫폼에 유입되게 되어 있어. 그런데 신규 유저들의 콘텐츠는 노출이 안 되고 기존 인기 있는 유저들의 콘텐츠만 상위노출이 된다면, 신규 유저들이 계속 플랫폼을 이용할 이유가 없어질 테고 새로운 콘텐츠가 없으면 플랫폼은 망하게 되지. 그래서 새로운 콘텐츠를 올리면 최신성 점수를 부여해서 사람들한테 신선한 콘텐츠들을 한번 보여주는 거야. 하지만 그 콘텐츠가 사람들의 관심을 못 끈다면 다시 순위에서 내려가겠지."

"아… 최신성 점수 때문에 내 글이 잠깐 노출될 수 있었구나… 지금 더 조회수가 늘지 않는 것은 순위가 떨어져서 그런 것이겠군."

뭔가를 깨달은 느낌이지만 기분은 좋지 않았다. 뭔가 생각이 점점 더 많아졌다. 왠지 오늘은 밤을 새워서 글을 쓸 것 같다.

그렇게 19일이 지났다. 서 과장과 약속한 10만 원을 내지 않기 위해서 19일 동안 블로그 포스팅을 지속했다. 서 과장은 19일 동안 한 번 글을 쓰지 못해 약속대로 나한테 10만 원을 보냈다. 서 과장을 이겼다는 사실에 뭔가 뿌듯했다. 좋은 일은 또 생겼다. 쿠팡 파트너스 사이트에 들어가 봤더니 첫 수익이 난 것이다. 블로그를 시작한 지 19일 만에 얻어낸 나의 첫 수익은 '330원'이었다.

어떤 것이 판매되었는지 상세 내역을 보니 11,000원짜리 라면 15개 세트가 팔렸다. "나는 라면을 올린 적도 없는데 왜 라면이 팔렸지?" 서 과장에게 물으니 내가 홍보한 제품이 아니라도 내 url을 클릭했으면 그 클릭한 사람이 24시간 동안 쿠팡에서 산 물건에 3%를 준단다. 19일 동안 죽어라 글을 썼는데 330원이라니…. 정말 허무했다.

노동의 가치

내가 첫 수익이 났다고 하니 서 과장은 축하한다면서 한잔 사겠다고 했다. 나도 하고 싶은 말이 있어서 그러자고 했다. 그동안 블로그 글을 쓰느라 친구들도 못 만났기에 술 한잔이 격하게 생각났다. 그래 봤자 또 나만 마실 테지만…. 서 과장은 술을 못 마신다. 맥주 500cc 한 잔이면 얼굴이 빨개진다. 그래서 술 마실 때는 서 과장을 빼놓고 술자리를 가지기 일쑤였다. 서 과장과 맥주 한잔을 하면서 나는 어이없다는 듯이 이야기했다.

"내가 19일 동안 블로그를 하루도 안 빠지고 썼는데 330원을 벌었다. 솔직히 블로그에 글 쓸 시간에 배달대행을 했었으면 못해도 50만 원은 넘게 벌었을 거야. 내가 지금으로부터 20일 블로그를 더 써봤자 1,000원 더 벌 것 같은데, 이거 계속하는 게 맞는 거야?"

"음… 김 차장. 너 돈 많이 벌고 싶지?"

"뭘 당연한 소리를 해?"

"하루에 배달대행을 7시간씩 매일 하면 돈을 많이 벌 수 있을까?"

"돈은 벌겠지만 내가 원하는 만큼 많이는 못 벌겠지."

"그럼 어떻게 해야 돈을 많이 벌 수 있을까?"

"야, 내가 돈을 많이 벌어봤어야 알지…."

"돈을 많이 벌고 싶으면 시간당 가치, 즉 시급을 높여야 해."

"배달대행하는 것보다 의사가 되는 게 시급이 더 크겠지? 이건 너무 당연한 건데 너가 지금 의사가 되는 건 불가능하진 않지만 매우 힘들잖아. 이건 말이 안 되니까 다른 예를 들게. 네가 배달대행이 아니라 도배 기술이라도 배워서 야간 작업하면 배달대행보다 시급을 더 많이 받을 거야. 그치?"

"그렇겠지?"

"근데 너 도배 부업으로 한 달에 천만 원 넘게 번다는 사람 봤어?"

"못 본 것 같은데?"

"그런데 블로그 부업으로 한 달에 천만 원 넘게 번 사람은 봤어?"

"그건 온라인 검색하다 보니까 꽤 나오더라."

"블로그는 네가 잘만 활용하면 웬만한 기술직보다 돈을 많이 버는 부가가치가 높은 부업이야."

"야, 19일 해서 330원 버는 게 부가가치가 높냐?"

"너는 아직 온라인의 특성을 몰라서 그래. 네가 쓴 블로그 글 이제 조회수 합치면 꽤 되지? 네가 블로그에 글을 계속 쓴다는 전제하에 조회수는 계속 증가할 거야. 네가 온라인에 여러 콘텐츠를 발행할수록 그것은 네가 잘 때나 회사에서 일할 때도 사람들에게 노출될 테고 너의 수익은 점점 커질 거야. 그리고 블로그를 잘하게 돼서 너의 블로그 점수가 올라가고 너의 글들이 상위노출 되는 순간, 온라인에서 제품을 팔거나 오프라인에서 물건을 파는 사람들이 너한테 글을 써달라고 요청하게 될 거야. 그 사람들이 너한테 글을 하나 써달라고 하면서 한 번 글 쓰는 데 30만 원도 주고 50만 원도 줄 거야. 그뿐만이 아니지. 네가 블로그에 대해 전문가가 되면 각종 회사에서 자기 블로그를 키워달라고 요청도 들어올 거야. 한 달에 글 5번 발행해주는 데 적게는 100만 원부터 많게는 300만 원까지도 받을 수 있어. 블로그가 가지는 부가가치는 네가 하는 배달대행과는 그 한계치가 달라. 돈을 많이 벌려면 결국 부가가치가 높은 일을 해야 해. 내가 아는 50대 도모퀸이라는 여자 대표님은 아픈 남편과 아이 세 명을 키우면서 지금 블로그 대행으로 한 달에 매출이 4,000만 원이야. 그분의 목표가 이제 한 달에 1억 버는 거야."

"그렇게 돈 버는 사람은 극소수 아닐까?"

"확실히 드물겠지. 하지만 중요한 건 방향성이야. 배달대행이나 노동으로 돈을 많이 버는 것은 꿈도 못 꾼다는 거지. 하지만 부가가치가 높은 방향으로 가면 희망이라도 있는 거야. 그 대표님처럼 포기하지 않고 공부하면서 꾸준히 하면 4,000만 원까진 안 돼도 1,000만 원이라도 낼 수 있지 않겠냐?"

"배달대행하면서 모은 돈으로 주식이나 부동산 투자로도 부자가 될 수 있지. 꼭 부업이 답은 아니잖아."

"부동산, 주식도 좋은 부업이지. 하지만 주식, 부동산은 내가 컨트롤할 수 없는 변수들이 많아. 그 변수들을 상쇄시키기 위해서는 필연적으로 시간이라는 게 필요하지. 그리고 주식이랑 부동산을 쉽게 보는데 주식이든 부동산이든 돈을 벌려면 지식을 쌓아야 돼. 거시경제 실물경제, 기업분석도 해야 되고 임장도 다녀야 하지. 그뿐만이 아니라 사람의 심리 이 모든 것들을 공부해야 돼. 배달대행하면서 그 공부들을 할 수 있을 것 같아? 그 공부보다 블로그 알고리즘이 10배는 쉬울 거야. 그리고 부업을 통해 현금 흐름이 많이 생기면 그때부터 재테크에 관심 가져도 늦지 않아."

"아니, 근데 이거 알고리즘이고 C-RANK, D.I.A 이런 생소한 것들이 너무 어려운데? 쉽게 이해하는 방법 없어?"

"9만 원짜리 블로그 강의라도 한번 들어봐. 도움이 될 거야."

"돈도 못 버는데 9만 원짜리 강의를 어떻게 듣냐?"

"나한테 받은 10만 원 있잖아. 그걸로 들어봐. 네가 지금 하고 있는 블로그는 컴퓨터와 너의 뇌만 있으면 되는 부업이야. 컴퓨터는 있으니 너는 뇌를 바꿔 나가야 돼. 뇌를 바꾸려면 지식을 계속 주입시켜야 하고. 그러니 계속 관련 지식을 배워나가야 해. 워런 버핏도 말하잖아. 최고의 투자는 자기 자신에게 하는 투자라고."

이놈이 유튜버를 오래 하더니 말발만 늘었다. 생각해 보니 태어나서 영어 학원 다닌 것 말고 돈 벌기 위해서 나한테 투자한 적이 없는 것 같다. 나는 서 과장이 하루 글을 못 쓴 페널티로 받은 10만 원으로 블로그 강의를 듣기로 했다. 서 과장은 아주 강력하게 박감사의 블로그 강의를 추천해줬다.

 블로그 전문가 박감사가 알려주는
왕초보 블로그 수익화 성공하기 VOD

난생처음 블로그 강의

9만 원짜리 블로그 강의에 거의 100명이 넘게 모였다. 강사가 블로그에 관한 이야기를 할 때마다 질문들이 쏟아져 나왔고 나는 그 질문의 50%도 알아듣지 못했다. 그래도 몇 가지 TIP을 받아 적었다. '같은 링크를 자주 쓰면 저품질에 걸린다, 미노출되는 글을 바로 삭제하면 블로그 지수가 깎이니 다른 방법을 써야 한다, 상위노출을 계속 시키는 무한 상위노출 방법이 있다' 등등 눈이 번쩍 뜨이는 내용들이 터져 나왔고 강의는 장장 5시간 동안 지속됐다. 강의가 끝나고 집에 돌아오니 녹초가 되어 바로 자고 싶었지만 10만 원을 낼 수 없어서 오늘 배운 것을 하나 적용해서 키워드 검수를 하고 블로그 글을 발행한 후 잠들었다.

40일째에 나는 블로그 애드 포스트를 할 수 있는 자격을 얻게 되었다. 내 쿠팡 파트너스 수익은 한 달 10만 원대를 찍었다. 블로그 애드 포스트란, 이제부터 내가 쓰는 글에 네이버에서 광고를 싣고 내 글을 클릭한 사람들한테 광고를 보여주는 대가로 클릭당 돈을 받는 일종의 광고대행 수수료다. 그래도 방문자가 꽤 생겼는데 나도 이제 광고를 붙일 자격이 생긴 것이다. 생각해 보니 내 글을 클릭할 때도 돈을 받고 내 쿠팡 파트너스 링크로 유입되어 물건을 구매할 때도 돈을 버니 일석이조였다. 도랑치고 가재 잡고, 님도 보고 뽕도 따는 아주아주 신나는 일이었다.

블로그 강의에서 알려준 사이트를 통해 나의 블로그 등급을 확인했다. 블로그 등급에는 저품질 → 일반 → 준최 1~6 → 최적 1~3까지가 있고, 이것이 중요한 이유는 우리가 블로그 체험단 같은 곳에 신청할 때 그 사람들은 우리의 블로그 등급을 보고 체험단 할 사람들을 고른다고 하니 이것을 높여야만 또 다른 블로그 돈벌이로 넘어가기 편하다고 한다. 블로그 등급은 당연히 공식적인 것은 아니고 각각 프로그램 개발사마다 본인들의 알고리즘을 만들어 점수화해서 알려주는 비공식적인 등급이었다.

애드 포스트 자격도 얻었겠다 사람들이 좋아할 만한 주제를 찾고 블로그 강의에서 배운 내용을 적용해서 더 열심히 글을 올려봐야겠다는 의지가 차올랐다. 오늘도 퇴근하자마자 컴퓨터를 켜고 글을 쓰려는데 갑자기 와이프가 컴퓨터 전원 버튼을 누르더니 내 이름을 불렀다.

"김. 진. 수!"

와이프는 나를 털이 많다고 머털이라는 애칭으로 부르지 결코 내 이름을 부르지 않는다. 나는 재빨리 휴대폰 달력을 보았다. '와이프 생일 아니고… 결혼기념일 아니고… 이상하다? 아무 날도 아닌데?' 나는 기어가는 목소리로 대답했다.

"왜? 여보 무슨 일인데?"

"이리 와서 잠깐 앉아봐."

"응? 왜? 왜 그러는데…."

"애 나 혼자 키워? 나 가정주부 아니야. 우리 맞벌이야. 왜 퇴근하고 너는 컴퓨터 하고 앉아있고 나는 애를 혼자 봐야 되는데?"

"아니… 그게 아니라 내가 노는 게 아니잖아. 지금 열심히 부업하고 있는 거야. 돈도 벌고 있어!"

"돈 얼마나 버는데? 하루 종일 매달려서 꼴랑 한 달에 10만 원 버는데 그럴 거면 다 때려치우고 그냥 애나 봐."

"아니, 이게 지금은 이런데, 온라인이라는 게 쌓이고 쌓이면 점점 불어나는 구조야…."

"10만 원에서 불어나 봤자 그까짓 거 얼마나 된다고. 됐고 다 때려치워."

"그까짓 거? 내가 가정에 보탬이 되려고 잠 안 자가면서 부업하는데 나도 회사일하고 부업하느라 힘들어. 너만 힘들어?"

"그래, 말 잘했네. 힘들면 때려치우면 되지! 때려치우고 애나 봐!"

그동안 내가 했던 노력이 물거품이 되는 순간이었다. 내가 누구를 위해서 이렇게 열심히 공부하고 잠도 줄여가며 일하는데 이렇게 내 맘을 몰라주다니…. 아 몰라, 나도 어려운 거 때려치우면 속 편하고 좋다. 나는 당장 서 과장한테 연락해서 와이프랑 싸웠다고 이제 애 봐야 돼서 블로그 못 한다고 우리 '환경설정' 이제 끝내야 될 것 같다고 카톡을 보내놓고 아이와 같이 잠들었다.

서 과장의 진심 어린 조언

다음 날 아침, 회사에서 일하고 있는데 서 과장한테 전화가 왔다. 나는 어제 있었던 일을 서 과장한테 이야기했다. 서 과장은 이해한다는 듯 나를 다독여줬다.

"김 차장, 내가 사람들을 가르쳐 보니까 많은 배우자들이 부업하는 것을 도와주지 않더라고. 어떤 사람들은 와이프 몰래 수업을 들으러 오고 어떤 사람들은 남편 몰래 수업을 들으러 와. 전화 받을 때도 나가서 몰래 받지. 집에서 열심히 제품 올리고 있는데 와이프가 뒤에서 '니가 돈 벌면 개나 소나 다 돈 벌겠다'고 한 사람도 있고, 다단계 같은 거 하면 머리 밀어버린다는 남편도 있었어.

그런데 그 사람들이 바뀌더라. 와이프, 남편이 부업으로 200만 원, 300만 원 넘게 버는 순간부터 '개나 소나 돈 벌겠다'는 이야기를 한 와이프는 이제 '애는 내가 볼 테니까 일하라'고 한대. 다단계 이야기하던 남편은 밤에 일하고 있을 때 사과를 깎아서 갖다 주더래. 지금 당장 너의 와이프 생각을 바꾸는 것은 데일 카네기도 불가능해. 그럼에도 불구하고 네가 서서히 성과를 보여주면 자연스럽게 바뀔 거야. 슬픈 얘기지만 경제력이라는 것은 가정 내에 눈에 보이지 않는 서열을 바꾸거든."

"나는 부업할 시간도 부족한데 애를 같이 보자는데 어떡해, 그럼?"

"애 재우고 나서 하면 되지?"

"야, 애 재우고 나면 10시인데 어떻게 부업을 해?"

"하면 다 할 수 있어…. 내가 그렇게 했거든."

나는 서 과장의 급격하게 의기소침해진 목소리에 할 말을 잃었다. 누구에게나 말 못 할 사연은 있는 법이다. 그래! 이왕 시작한 거 내가 조금 더 열심히 해보자.

블로그를 시작한 지 6개월 수익

쿠팡 파트너스 수익 60만 원.

블로그 애드 포스트 수익 10만 원.

체험단 수익 30만 원.

드디어 부업으로 월 100만 원을 찍었다. 나의 블로그 등급은 준최 5를 지나 5.5 정도 되었다. 나는 카카오 오픈채팅 체험단 방들에 들어가 있었고 5번 신청하면 1번 정도 체험단 일을 할 수 있었다. 체험단을 하면서 외식도 하고 돈도 받고 나름 가장 노릇을 하고 있었다. 한 달에 100만 원. 이대로 가면 1년에 1,200만 원 수익을 벌 수 있었다. 점점 희망이 보였다.

그러던 어느 날, 네이버에서 알고리즘을 바꿔버렸다. 내 글들 중 몇 개는 미노출이 되었고, 그로 인해 며칠간 쿠팡 파트너스 수익도 떨어졌다. 갑자기 시련이 닥치니 의욕이 떨어졌다. 이제 슬슬 본격적으로 해보고 싶었는데 김이 빠졌다. '블로그 연구소'라는 정보 공유 카페에 들어가 보니 게시판에 서로서로 지수가 떨어졌다고 난리가 났다. 나는 그 글들을 보기도 싫었다.

'진짜 내 인생은 뭔가 안 되나 보다.'

이번엔 내가 서 과장에게 술을 먹자고 불렀다. 서 과장에게 블로그 알고리즘이 바뀌어서 수익이 떨어졌다고 이야기했다. 서 과장은 너무 태평하게 "원래 그런 거야"라고 했다. 죽탱이를 날리고 싶었다. 내 낌새를 눈치챘는지 한마디 덧붙였다.

"너한테만 일어난 일이 아니고 블로거들 모두한테 일어난 일이야. 이때 누군가는 좌절하고 포기하는 사람이 있고, 누군가는 이 변화를 기회로 삼고 공부해서 더 크게 날아오르는 사람이 있지. 변화는 곧 기회야. 긍정적으로 생각해야 돼."

"아니, 말이 긍정이지 이게 긍정적으로 생각할 수 있는 일이냐?"

"김주환 님의 《회복탄력성》이라는 책에 보면 이런 이야기가 나와. 긍정적인지 아닌지는 우리 뇌에서 스토리텔링을 어떻게 하는지에 달려 있대. 우리가 같은 사건을 볼 때 긍정적으로 스토리텔링을 하는 뇌를 가지고 있으면 긍정적인 사람이 되는 거고 부정적으로 스토리텔링 하는 뇌를 가지고 있으면 부정적인 사람이 되는 거래. 뇌의 가소성이라는 성질 때문에 부정적으로 스토리텔링하는 뇌도 의식적으로 노력하면 긍정적인 뇌로 바뀌니까. 억지로라도 긍정적으로 생각해야 돼."

"가끔 서 과장 널 보면 자기계발서랑 이야기하는 것 같아."

"응~ 고마워! 그리고 이왕 이렇게 된 거 이번에 사업자를 내고 본격적으로 온라인 판매 부업을 해보는 건 어때?"

"온라인 판매? 지금 블로그 하는 것도 힘들어 죽겠는데 온라인 판매를 해보라고?"

"응. 잘만 하면 온라인 판매 부업이 블로그보다 더 빨리 돈을 벌 수가 있어!"

"굳이? 나는 지금 블로그만 해도 될 것 같은데?"

"하라고! 이 책 진도를 나가야 할 거 아냐!"

서 과장은 알 수 없는 말을 했지만 뭔가 온라인 판매를 꼭 해야 될 것만 같았다.

BUY

Chapter
2

'파는 사람'으로
나아가다

SELL

국내 위탁판매를 위한
첫걸음

서 과장의 강력한 권유로 나는 서 과장의 온라인 판매 주말반 수업을 듣게 되었다. 토, 일 하루 종일 강의장에서 강의를 들어야 하는 커리큘럼이라 와이프가 허락을 안 해줄 줄 알았다. 그런데 블로그로 한 달 순수익 100만 원을 넘긴 시점부터는 내가 하는 부업에 더 이상 토를 달지 않기 시작했다. 물론 웃으면서 보내주진 않았지만.

대략 20~25명 되는 나와 같은 또래의 사람들이 강의를 듣기 위해 모였다. 서 과장은 수강생들의 수준을 알아보기 위해 이런저런 질문을 했고 대부분 온라인 판매에 관해서 초보들이었다.

첫째, 강의를 듣고 느낀 점은 온라인 판매 강의는 플랫폼만 바꾸었지 내가 블로그를 하면서 고민하던 내용과 굉장히 유사했다. 블로그에서는 내 콘텐츠를 노출시키기 위해 블로그 상위노출 알고리즘을 공부했고, 내 글의 클릭을 유도하기 위해 썸네일에 어그로를 끌고 제품을 소개하는 글을 썼다. 온라인 판매는 블로그가 아닌 쿠팡, 스마트스토어, 지마켓, 옥션, 11번가 등 오픈마켓이라고 불리는 플랫폼에 내 제품을 노출시키기 위해 각각 쇼핑몰의 상위노출 알고리즘을 가르쳐줬고, 내 제품이 클릭되기 위해서 썸네일의 차별화, 그리고 제품의 가치를 높여주는 상세페이지에 대해서 알려주었다.

서 과장이 유튜브에서 매일 외치던 온라인 비즈니스든 오프라인 비즈니스든 노출, 유입, 설득력만 잘 만들면 돈을 벌 수 있다는 이유가 이런 유사점들 때문인 것 같았다. 다행히 나는 키워드에 대한 이해와 이미지를 만드는 툴에 대해서 공부를 해봤기 때문에 어렵지 않게 진도를 따라갈 수 있었지만 다른 초보들은 생각보다 진도를 따라가는 데 어려워했다.

나는 이제 내가 팔고 싶은 제품을 팔아야겠다는 생각을 하지 않는다. 소비자가 원하는 제품은 무엇이고, 내가 경쟁에서 이길 수 있는 곳이 어딘지를 찾고 경쟁해야 된다는 것을 알고 있다. 그리고 이미 모든 것은 데이터에 나와 있다. 네이버 데이터랩에 나와 있고 네이버 데이터랩에 나와 있는 것을 기반으로 쿠팡, 지마켓의 키워드(수요) 데이터를 알려주는 셀러라이프라는 프로그램도 있다는 것을 알게 되었다. 서 과장이라는 추천인 코드를 넣으면 할인이 된다고 했다.

우리가 팔 제품은 도매매, 도매꾹, 오너클랜, 펀앤쇼핑, 바나나 b2b 같은 도매몰에서 찾도록 시켰다. 도매몰은 사업자가 있어야 가입할 수 있고 도매업자들이 올려놓은 물건을 가져다가 팔 수 있는 곳이다. 주문이 들어왔을 때 도매몰로 주문을 넣으면 도매몰에 입점해 있는 업체들이 소비자한테 물건을 배송해주는 시스템이어서 재고 없이 물건을 팔 수 있는 좋은 구조다. 국내 위탁판매를 하는 과정은 이랬다. 먼저 셀러라이프라는 프로그램을 통해서 내가 경쟁할 만한 곳을 찾는다. 내가 경쟁할 만한 곳을 찾는다는 이야기는 예를 들어 쇼핑몰에서 금속소화기를 검색해봤을 때 1페이지에 경쟁자들의 판매량과 제품, 상세페이지의 완성도를 보고 내가 들어갈 만한 곳인지 아닌지를 파악하는 것을 말한다.

이것은 오프라인에서 중국집을 열 때도 마찬가지로 적용되는 로직이라고 했다. 내가 들어갈 만한 상권을 파악하고 중국집이 몇 개인지 그리고 중국집이 제공하는 서비스를 확인한 후 내가 들어가서 경쟁에서 이길 수 있는지 없는지를 파악해야 한다. 무턱대고 창업했다가는 시간과 비용을 낭비하고 만다. 그런데 문득 이런 생각이 들었다.

'왜 나는 블로그도 그렇고 경쟁자들을 생각하고 노출 알고리즘을 공부해야 하지? 그냥 내가 글을 잘 쓰면 되는 거 아닌가? 글을 잘 쓰는 게 본질이 아닌가? 제품 파는 것도 마찬가지다. 왜 굳이 이런 알고리즘을 공부하고 경쟁자들을 파악해서 눈치 보고 들어가야 되는 거지? 그냥 경쟁력 있는 제품을 팔면 되는 거 아닌가?'

배우는 것이 무언가 본질이 아닌 것 같은 느낌이 들었다. 서 과장은 왜 본질이 아닌 이런 편법들을 가르치는지 한번 물어봐야겠다고 생각했다. 서 과장은 나의 질문에 이렇게 답했다.

"본질? 본질 좋지. 그런데 네가 단시간에 사람들이 좋아할 만한 글을 쓸 수 있을까? 그리고 싸고 경쟁력 있는 제품을 팔 수 있다면 너무 좋지. 그런데 이제 시작한 초보한테 어떤 업체가 싸고 좋은 제품을 공급해줄까? 내가 그런 공급처라면 초보한테 주지 않고 이미 판매를 잘하는 사람한테 줘서 더 많이 팔 것 같은데?"

맞는 말이었다. 내가 하루아침에 베스트셀러 작가가 될 수 없고, 좋은 물건을 대줄 인맥도 없다. 그러니 차근차근 시키는 대로 하는 수밖에 없다. 그리고 위탁판매 수익이 나기 전까지 블로그를 지속하고 싶다는 말을 했을 때, 서 과장은 《원씽》이라는 책 이야기를 하면서 지금은 판매 한 가지에만 집중하라고 했다. 나는 수익이 나는 블로그를 놓는다는 게 마음에 걸렸지만, 블로그를 안 하는 기회비용이 나 자신을 위한 투자라고 긍정적으로 생각하기로 했다.

가치는 만들어서 판다

팔릴 만한 제품을 찾고 제품명에 키워드를 넣고 썸네일을 차별화하고 상세페이지를 최대한 설득력 있게 바꿔서 제품을 여러 마켓에 올린 지 일주일 정도 됐을 때 지마켓에서 첫 주문이 들어왔다. 58,000원짜리 고양이 숨숨집이었다. 마진을 보니 대략 12%(6,960원)가 남았다. 쿠팡 파트너스 330원 수익과 비교했을 때 상대적으로 큰 마진이었다. 첫 번째 주문이 들어오는 시간도 더 빨랐다.

서 과장은 이때가 정말 중요한 타이밍이라고 했다. 첫 주문이 들어오고 가만히 있으면 재주문이 들어올 확률이 적어진다. 왜냐하면 리뷰가 없기 때문이다. 나도 리뷰 없는 제품은 사본 적이 없다. 리뷰도 없는 나의 위탁 제품을 사준 사람이 천사로 느껴졌다. 그래서 최대한 이 소비자한테 리뷰를 얻어내려는 노력을 해야 한다. 내가 번 수익을 재투자해서라도 리뷰를 얻어내야 재구매 확률을 높이고 그래야지 꾸준히 잘 팔리는 제품을 만들 씨앗을 심을 수 있다.

나는 고객에게 쿠폰 이벤트라며 리뷰를 정성스레 써주면 스타벅스 커피 쿠폰을 보내주겠다는 내용의 문자를 보냈다. 수업시간에 다 배우는 내용이었다. 하지만 고객이 귀찮았는지 답장은 오지 않았다. 리뷰가 없어서인지 추가 주문은 더 이상 들어오지 않았다. 하지만 계속 틈새를 찾고 제품을 찾아 업로드하니 다른 제품들에서 주문이 들어오기 시작했다. 그래 봤자 한 달에 5개 팔린 게 고작이었다.

총 판매액 28만 원에 순수익은 35,000원 정도. 그마저도 고객에 리뷰 쿠폰을 하나 줬기 때문에 순수익은 30,000원 정도였다. 제품을 찾다 보니 이미 쿠팡, 스마트스토어에 내가 도매사이트에서 받은 공급가보다 저렴한 가격에 파는 제품들이 올라와 있었다. 이러니 잘 팔릴 수가 없었던 것이다. 애초에 이건 말이 안 되는 싸움이다. 도매사이트 공급가보다 싸게 파는 사람들이 널려 있는데 내가 아무리 제품을 올려 봤자 내 제품이 팔리겠는가?

나는 이건 말이 안 된다고 생각하고 유튜브에 국내 위탁판매의 단점에 대해서 찾아봤다. 역시 수많은 사람이 국내 위탁판매의 단점에 대해서 이야기하고 있었다. 콘텐츠 제목들이 '위탁판매 절대 하지 마세요, 위탁판매의 5가지 단점, 극 레드오션 위탁판매 시장' 등등 죄다 위탁판매가 돈이 안 되고 별로라는 콘텐츠들이었다.

이 콘텐츠들을 보다 보니 위탁판매라는 방식은 크게 미래가 없어 보였다. 블로그 콘텐츠 판매도 쉽지 않았지만 제품 판매는 더 어려워 보였다. '아… 배달대행을 다시 해야 되나' 싶어서 머리가 지끈거렸다. 생각해 보면 지금까지 온라인 부업에 손을 댄지 8개월 정도가 지났는데 내가 들은 강의료나 이것저것을 빼면 내 수중에 크게 남은 돈은 없었다. 8개월 정도 그냥 배달대행이나 대리운전이라도 꾸준히 했으면 지금 내 수중에 훨씬 더 큰돈이 남아있었을 텐데…. 뭐가 이렇게 어렵고 잘 안 되니 미래에 대한 불안감이 엄습했다. 내 머릿속은 또 복잡해졌고 일하는 시간이 점점 줄어들었다.

오랜만에 자주 만나던 고등학교 친구들을 호출했다. 서 과장을 만나는 것을 빼면 거의 9개월 만에 보는 친구들이었다. 그동안 블로그에 글 쓰느라 친구들이 불러도 이런저런 핑계를 대며 술자리에 나가지 않았다. 오랜만에 보는 친구들은 너무 반가웠다. 친구들은 그동안 왜 이렇게 바빴는지에 대해 물어왔고 나는 사실대로 부업으로 블로그랑 인터넷 판매를 하고 있었다고 했다.

"블로그에 글 써서 돈 벌고 쿠팡에서 제품을 판다고? 그게 그냥 우리가 입점해서 팔 수 있는 거야?"

친구들은 나를 대단하다며 칭찬했고 나는 막 블로그 알고리즘이 어떻고, 쿠팡 상위노출을 하기 위해서 어떻게 해야 되고 하며 떠들어댔다. 하지만 정작 친구들은 전혀 관심 없다는 표정이었다.

"야, 이번에 뉴진스 신곡 나왔는데 들어봤냐?"

"야, 그 사건 봤냐?"

친구들은 최근 유튜브 이슈에 대해서 신나게 떠들었고 반대로 나는 다 모르는 이야기였다. 친구들은 미래에 대한 걱정이 크게 없어 보였다. 이상했다. 경제적으로 다들 나랑 비슷하거나 나보다 더 어려운 친구들인데 이야기 주제에 미래에 관련된 이야기는 하나도 없었다. 오랜만에 만난 친구들은 반가웠지만, 시간이 지날수록 예전보다 재미가 없었다. 이런 시시콜콜한 이야기가 무슨 의미가 있나? 조금 더 발전적인 이야기를 할 수 없을까?

친구들과 만나고 오는 길에 서 과장에게 전화를 했다.

"서 과장. 뭐 해?"

"응⋯ 집에서 글 쓰는데?"

"야, 인생 너무 팍팍하게 일만 하면서 사는 거 아니냐? 돈 버는 것도 좋지만 왜 이렇게 재미없게 사냐?"

"응? 나는 재밌는데?"

"뭐가 재밌는데?"

"내 책이 나온다고 상상해봐. 이 책을 통해서 사람들에게 부업에 관해 새로운 정보를 줄 수도 있고 다른 채널에 출연할 기회도 얻을 수 있을 거야. 나 자신을 브랜딩하는 데도 도움이 될 테니까. 그런 미래를 생각하면서 글을 쓰면 재밌어. 이런 것을 목표를 '시각화'한다고 하는데《타이탄의 도구들》이나《비상식적 성공 법칙》같은 자기계발서를 보면 부자들이 성공하기 위해 이런 '시각화'를 한다고 해."

서 과장과 대화하면 그냥 책이랑 이야기하는 느낌이 든다. 이 녀석은 자기계발에 미친 놈이 틀림없다. 축구할 때도 개발이면서.

"그리고 내가 오늘 친구들을 만났는데, 이전처럼 이야기하는 게 재미가 없더라고. 왜 그런 걸까?"

"네가 돈 버는 것에 몰입해 있기 때문에 다른 주제를 이야기하는 것에 뇌가 크게 반응하지 않는 거지. 지금은 그럴 수 있지만 나중에 삶과 일의 밸런스를 고민할 때가 오면 친한 친구들의 소중함을 다시 깨닫게 될 거야."

나는 술 먹은 김에 서 과장에게 위탁판매가 생각보다 돈이 안 되는 것 같고, 이미 나보다 더 싸게 파는 사람들이 대부분이고, 인터넷에 찾아보니까 다들 위탁판매는 레드오션이라 말리는 분위기인 것 같다고 따졌다. 솔직히 이 시장은 강의하는 사람들만 돈 벌고 실제 셀러들은 돈도 못 버는 것 같다며 유튜브에 나오는 내용을 이야기했다.

"김 차장, 돈은 레드오션에서 버는 거야. 예를 들어, 1조짜리 레드오션 시장이 있고, 10억짜리 이제 막 생겨난 블루오션 시장이 있다고 치자. 네가 이제 막 시장에 진입한다고 가정해볼게. 레드오션에서 0.1% 시장을 차지하는 게 쉬울 것 같아? 블루오션에서 50% 시장을 차지하는 게 쉬울 것 같아? 레드오션 시장에서 0.1% 시장을 차지하는 게 훨씬 더 쉬울 거야. 블루오션이라지만 그곳에도 경쟁자들이 뛰어들 테니까. 시장에서 50% 점유율을 차지하는 것은 정말 어려운 일이야. 그럼 얻어지는 수익은 어떨까? 1조짜리 레드오션에서 0.1%를 차지하면 10억이야. 10억짜리 블루오션에서 50%를 차지해도 5억이지. 그리고 경쟁이 없는 시장만 찾다가 아무것도 못하는 사람들이 대부분이야. 그리고 유튜브에 위탁판매로 돈 벌었다는 사람은 없어? 한번 찾아봐, 분명히 있을 거야. 안 되는 사람은 안 되는 이유만 찾고 되는 사람은 되는 이유를 찾아. 온라인 시장은 계속 성장하고 있고 여기서 돈 버는 사람들은 계속 나오게 되어 있어. 네가 베팅을 해야 한다면 레드오션 시장 그리고 점점 성장하는 곳에 베팅을 해야 옳은 선택인 거지. 그리고 가격이 비싸서 안 팔린다고? 아니, 절대 그렇지 않아. 사람들은 충분히 가치가 있다고 판단되면 돈을 낼 준비가 되어 있어. 이 내용은 이시하라 아키라의 《절대 실패하지 않는 가격 인상의 기술》에도 잘 나와 있다고."

"근데 남들도 다 같이 팔 수 있는 도매사이트 제품에 어떤 가치가 있어?"

"그래, 말 잘했다. 가치가 없으니 우리가 가치를 만들어서 팔아야지."

"가치를 만들어서 판다고?"

나는 서 과장이 말한 '가치를 만들어서 판다'는 것을 완전히 이해할 때까지 꽤 오랜 시간이 걸렸다. 그리고 비로소 가치를 만들어서 팔 수 있게 됐을 때, 내 순수익은 월 3천만 원이 넘어갔다.

내 상품에 핵심가치를
만드는 법

서 과장은 "무언가를 판매하는 사람들은 모두 본인들의 제품이나 서비스의 가치를 높이려고 노력한다"고 했다. 이런 내용을 모르는 자영업자들 빼고. 자본주의 사회는 경쟁 사회다. 조금만 돈이 된다고 하면 경쟁자들이 뛰어들고 그 경쟁에서 살아남으려면 내가 파는 제품이나 서비스의 가치를 높여야 한다. PC방을 예로 들어 한 지역에 PC방이 생겨서 잘되면 다음 PC방이 생기고 서로 컴퓨터 사양을 높이면서 본인들의 서비스 가치를 높이고 홍보한다. 게임을 하기 위해 최적화된 고사양 컴퓨터가 대부분 PC방을 찾는 사람들의 핵심가치다. 하지만 둘 다 최고사양의 컴퓨터를 가지고 있을 때 우리 쪽으로 손님을 오게 하려면 어떻게 해야 할까? 이럴 때 어떤 자영업자는 가격을 낮춘다. 가격을 낮추는 것은 내 제품의 서비스 가치를 높이는 가장 쉬운 방법이다. 하지만 가격을 낮추면서 경쟁을 하는 자영업자들은 결국 망한다. 어떤 자영업자들은 가치를 높이기 위해 다른 방법을 이용한다. 가격은 낮추지 않고 시급을 좀 더 올려 예쁜 알바생을 고용한다. PC방을 이용하는 남자 손님들의 니즈를 맞추는 것이다. 시급을 10,000원이 아니라 15,000원을 주면서 예쁜 알바생을 고용하면 가격이 비싸도 그 PC방을 찾는 사람들이 생긴다. 핵심가치를 높이지 않거나 가격을 낮추지 않고도 내 제품과 서비스의 가치를 높이는 방법을 찾아낸 것이다.

온라인 판매도 마찬가지다. 제품의 핵심가치를 높이든 아니면 제품의 핵심가치가 아닌 다른 가치로 사람들을 설득해서 판매해야 한다. 그럼 여기서 제품의 핵심가치를 높이는 게 쉬울까? 다른 가치를 내세워 설득하는 게 쉬울까? 서 과장은 이 부분에 다른 가치를 내세워 설득하는 게 쉽다고 했다. 서 과장이 이야기하는 바는 이렇다.

판매를 가르치는 많은 강사들이 제품의 본질을 추구해야 한다고 이야기한다. 예를 들어, 소비자가 노트북을 산다고 했을 때 추구하는 핵심가치들이 무얼까? 핵심가치는 소비자의 욕구마다 다를 것이다. 어떤 소비자는 노트북의 핵심가치를 무게라고 생각하는 사람이 있다. LG 그램 같이 가벼운 노트북을 선호하는 것이다. 노트북으로 게임을 하려는 사람은 휴대성보다는 게임이 잘 돌아가는 성능이 핵심가치이고 무게보다는 성능을 중요시한다.

그럼 노트북으로 돈을 버는 방법은 간단하다. 그램이 내세우는 900그램대 노트북이 아니라 500그램대 노트북을 만들어서 팔면 못해도 100억은 벌 수 있을 것이다. 백종원 대표의 프랜차이즈 홍콩 반점을 예로 들어서 같은 가격에 홍콩 반점보다 더 맛있는 중식을 만들 수 있으면 높은 확률로 음식점 장사에서 성공할 수 있을 것이다. 잘 홍보만 되면 프랜차이즈로 키워 나갈 수도 있다.

그런데 이렇게 제품이나 서비스의 본연의 핵심가치를 높인다는 게 말처럼 쉽지 않다. 제품의 핵심가치를 높이기 위해서는 내가 스스로 제품을 제조하거나 아직 한국에 소개되지 않은 핵심가치가 높은 해외 제품을 가져와서 팔아야 한다. 하지만 이 방법들은 어느 정도 큰 자본이 필요하고 리스크를 동반한다. 물론 자본이 크게 들지 않는 분야에서 아이디어로 핵심가치를 높이는 것은 예외겠지만 우리 같은 일반인이 그런 아이디어를 내는 게 쉽지 않다. 지금 이제 막 판매를 시작하는 우리가 가치를 높이기 위해서는 어떤 방법을 써야 할까? 그것은 제품이 가치가 높은 것처럼 보이게 하는 것이다. 나는 이것이 마케팅이라고 생각한다. 그리고 가치를 높아 보이게 만든 후 사람들에게 알리는 작업을 해야 된다.

그럼 도대체 제품의 가치가 높은 것처럼 보이게 한다는 것은 어떤 것일까? 서 과장은 간다 마사노리의 《돈이 되는 말의 법칙》 이라는 책의 내용을 본인의 방식으로 설명해줬다.

온라인에서 먹는 배를 판다고 해보겠다. 예쁜 배도 팔기 어려 운데 생기기도 못생겼다. 온라인에서 파는 거라 맛을 보게 할 수 도 없다. 자, 이때 배의 가치를 어떻게 높일 수 있을까? 배의 사진 을 먼저 보여주기 전에 이런 글을 써보면 어떨까?

저희 배는 못생겼습니다. 사람들은 예쁜 배를 좋아하고 다들 예쁜 배를 찾습니다. 그런데 왜 저희는 예쁘게 만들지 않았을까요? 그것 은 예쁘게 만들려고 하면 배의 당도가 떨어지기 때문입니다.

여기에 과학적인 이유를 첨가해본다.

선물용으로 예쁘게 만든 배는 색이 균일하게 개량되면서 유전적으 로 맛이 떨어질 수 있습니다. 저희는 배의 예쁜 모양보다 오로지 최 고의 배 맛을 추구하며 배를 키웠습니다.

이렇게 몇 마디 문장만 넣어도 못생긴 배의 가치가 이전보다 올라간 것을 확인할 수 있다. 예쁘면 예쁜 대로 못생기면 못생긴 대로 제품은 바뀌지 않았지만 내가 어떻게 전달하느냐에 따라 가 치는 바뀐다.

배를 더 잘 팔기 위해 한 걸음 더 나아가보자. 배는 기호 식품이다. 갑자기 생각나면 먹고 아니면 안 먹어도 된다. 하지만 이것을 꼭 사 먹게 하고 싶다면 어떻게 해야 될까? 《돈이 되는 말의 법칙》에서 간다 마사노리는 사람이 행동하게끔 하는 요소가 두 가지 있다고 했다.

하나는 '고통을 피하기 위해 (팔아주세요.)'
다른 하나는 '쾌락을 얻기 위해 (팔아주세요.)'

그리고 매출을 올리기 위해서는 '고통을 피하기 위해' 행동하는 사람을 공략하는 것이 훨씬 효과적이라고 했다. '배'와 '고통' 아무런 연관이 보이지 않겠지만 배에 대해 더 자세히 공부하다 보면 관계가 있다. 배에 대해 공부하다 보면 배의 효능 중에 하나가 기관지에 좋다는 것을 쉽게 알 수 있다. 그럼 기관지가 좋지 않은 사람들을 공략하는 것이다. 천식 환자, 기관지염으로 고통받는 사람들로 타깃을 좁혀서 그들에게 맞는 상세페이지를 만들어보는 것이다.

예를 들어, '기관지염을 앓고 계신가요? 기관지염에 배가 좋다는 사실을 알고 계실 겁니다. 하지만 배 중에도 기관지염에 뛰어난 성분을 많이 가지고 있는 배가 있습니다. 그것은 바로 못생긴 배입니다. 예쁜 배는 선물용으로 좋지만 예쁘게 만들기 위해 유전

적으로 조작을 합니다. 하지만 못생긴 배는 오로지 배의 맛과 효능만을 위해 만들어집니다.'

이런 질환을 앓고 있는 사람들은 본인의 고통을 완화하기 위해 모든 방법을 동원한다. 그들에게 이런 제품을 잘 노출만 시켜준다면 배는 기호 식품이 아니라 필수적으로 사야 되는 식품이 되어버린다.

이렇게 타깃을 좁혀서 상세페이지를 만들면 구매할 사람들이 너무 적지 않냐고? 오프라인 매장에서 간판을 만들어 이런 내용을 적어놓는다면 공간의 제약 때문에 한계가 있을 것이다. 하지만 우리는 온라인에서 물건을 팔고 있다. 온라인에서 여러 개의 배 매장을 열어 타깃층에 맞는 상세페이지를 만들어 팔 수 있다. 이렇게 최고의 제품을 공급받지 못해도 어떻게 상품을 전달하느냐에 따라 판매를 잘할 수 있다. 제품의 핵심가치도 중요하지만 핵심가치가 뛰어나지 못해도 잘 팔 순 있다는 이야기다. 그것을 증명한 사람이 여기 있다. 바로《팔지 마라 사게 하라》의 저자 홈쇼핑 기네스 125억 최고기록 보유자 장문정 님이다.

당신이 홈쇼핑 쇼호스트라고 생각해 보자. 쇼호스트가 핵심가치가 뛰어난 제품만 골라서 홈쇼핑에서 판매할까? 그런 쇼호스트가 있다면 바로 잘릴 것이다. 쇼호스트는 상품을 고르지 못한다. 주어진 상품을 어떻게든 잘 팔아야 한다. 장문정 님은 어떤 제품이 와도 그 제품에 가치를 더해 제품을 팔았고 그렇기에 기네스북에 등재될 만큼 매출을 올릴 수 있었다.

그래서 우리는 판매를 잘하기 위해 마케팅이란 것을 배우고 우리가 파는 제품에 적용해야 한다. 이것이 이제 막 판매를 시작하는 사람들이 가격을 낮추지 않고 마진을 챙기면서 할 수 있는 치트키인 것이다.

이것이 서 과장이 가능하면 부업을 선택할 때 파는 것과 관련된 부업을 선택하라는 이유다. 판매와 관련된 부업을 하면 이런 것들을 고민할 수밖에 없게 되고 이렇게 고민하다 보면 마케팅에 대해서 공부하게 되고 마케팅에 대해 공부를 하고 실전에 적용하다 보면 어떤 것이든 판매를 잘하게 되는 뇌를 가지게 된다는 것이 그의 지론이다.

'나는 단지 부업을 해서 돈을 많이 벌고 싶은 것인데 온라인의 로직부터 마케팅까지 배워야 하는 것일까…. 그냥 이런 머리 아픈 공부 없이 돈을 많이 버는 방법은 없는 것일까? 아… 로또나 살까….'

안 그래도 머리가 복잡한 나에게 서 과장은 《설득의 심리학》, 《캐시버타이징》, 《고객의 80%는 비싸도 구매한다》, 《스틱》, 《팔지 마라 사게 하라》 이 다섯 권의 마케팅 책을 권해주었다. 그러면서 한 권이라도 읽어보고 다음 시간에 온라인 판매에 바로 적용할 수 있는 엑기스를 알려주겠다고 했다. 그런데 서 과장은 이런 모든 것들을 어디서 알았을까? 궁금해서 물어봤다.

"서 과장. 그런데 너는 이런 내용들을 어떻게 생각하게 된 거야?"

"엠군이라고. 내가 아는 사람 중에 마케팅을 제일 잘 가르치는 사람이 있어. 그 사람 강의에서 인사이트를 많이 얻었지."

광고란 무엇인가?

"마케팅이 기존에 있는 제품이나 서비스의 가치보다 높은 것처럼
보이게 하는 거라면 광고는 그걸 알리는 것이다."

by 서 과장

그런데 막상 광고를 해보지 않은 나는 광고가 너무 어렵게 느껴졌다. 왜 인간은 항상 새로운 것을 어려워할까. 새로운 것을 하려면 생각을 해야 하고 인간은 생각하는 것을 싫어한다고 한다. 천재 발명가 토머스 에디슨도 "생각이라는 노동을 피할 수만 있다면 인간은 수단과 방법을 가리지 않을 것이다"라는 이야기를 했

다. 아이디어의 귀재가 이런 말을 할 정도니 일반인인 내가 생각하는 걸 싫어하는 것은 당연하다. 《이토록 뜻밖의 뇌과학》 1/2강 제목처럼 뇌는 생각하기 위해 있는 게 아니고 생존을 위해서 존재하고 진화했다고 한다. 그래서 생각이라는 것으로 에너지를 쓰려고 하면 뇌에서 하지 말라고 하는 것이다. 에너지는 생존에 중요하니까.

하지만 광고의 실체를 알고 나니 생각했던 것보다 그리 어렵지 않았다. 온라인 판매 광고는 판매자들이 정말 사용하기 쉽게 만들어져 있고 무료 강의들도 정말 많았다. 그리고 각 플랫폼들이 광고하는 것을 점점 더 쉽게 만들고 있다. 왜 이렇게 광고하는 법을 쉽게 만들려고 애를 쓸까? 그것은 마켓 플랫폼들이 돈을 버는 수단이기 때문에 그렇다. 쿠팡, 스마트스토어, 11번가, 옥션, 지마켓은 판매자들이 물건을 팔 수 있게 도와주고 그 수수료를 받는다. 판매수수료도 큰 수익원이지만 또 하나의 수익원은 광고다. 생각해 보자. 판매자들끼리 가격입찰을 해놓고 클릭당 광고료가 나오게 시스템을 만들어놨다. 경쟁이 심한 카테고리는 한 번 클릭하는 데 10,000원도 받는다. 한 번 클릭만 하는 데 광고비가 10,000원이 소진되는 것이다. 프로그램으로 순위만 바꿔주고 알아서 경쟁하면서 클릭당 광고비를 높여주는 이건 정말 남는 장사인 것이다. 그렇게 제품이 판매되면 판매수수료도 받으니 진짜 능력이 있다면 플랫폼을 만드는 게 최고의 돈벌이라고 생각한다.

상황이 이러니 판매자들이 광고를 쉽게 접하게 하기 위해 AI가 알아서 광고를 돌려주게 만드는 등 별의별 기능들이 생겨나고 있다. 그리고 광고하는 것을 어려워하는 판매자들을 위해 오픈마켓 플랫폼들은 광고대행사를 이용한다. 셀러가 되면 공짜로 광고를 도와주겠다는 연락을 한 번씩 받아볼 것이다. 사기가 아니라 정말 공짜가 맞다. 그 광고대행사들은 여러분들이 집행한 광고비용에 10~15%를 플랫폼 측에서 받는다. 시스템을 악용하는 몇몇 악덕 광고대행사들이 있는데, 판매자들이 광고비를 많이 써야 돈을 버는 구조이다 보니 판매가 잘 되지 않는데도 광고비를 더 써야 판매가 된다고 부추긴다. 이런 악덕 업체에 당하지 않으려면 광고를 맡기더라도 어느 정도는 스스로 공부를 해보고 맡겨야 한다.

결국 광고는 '판매'라는 행위를 하기 위해 반드시 필요한 것이다. 이유는 내가 설득력 있게 만든 상품이 사람들에게 노출이 안되는 때가 분명히 있기 때문이다. 경쟁이 심한 곳에서는 이미 경쟁자들의 노출점수가 상대적으로 높기 때문에 나의 제품이 노출되기가 쉽지 않다. 노출이 안 되면 판매가 되지 않으니 그때 돈을 쓰더라도 광고가 필요하다. 여기서 광고를 효율적으로 하려면 핵심 포인트는 제품의 가치가 높아 보이게 한 다음에 광고를 해야한다. 아니면 광고비만 날려 플랫폼들 좋은 일만 시켜줄 테니까 말이다.

처음 광고를 하면 나처럼 키워드 광고를 하게 될 것이다. 키워드 광고란 내가 원하는 키워드에 상위노출시켜주는 광고이다. 효율적으로 키워드 광고를 하려면 키워드 제외를 잘 해야 된다. 쿠팡의 경우 매출 최적화 광고라고 AI가 알아서 내 제품을 학습해 사람들이 클릭할 만한 키워드에 내 제품을 노출시켜준다. 그런데 AI만 믿고 있으면 안 된다. 효율적으로 광고를 하기 위해선 주기적으로 광고 보고서를 확인하고 여러 키워드 중에 클릭만 하고 결제는 하지 않는 키워드들을 삭제해줘야 한다. 광고를 잘한다는 것은 광고를 효율적으로 돌릴 수 있다는 것이다.

진짜 전문가들은 광고를 효율적으로 돌리기 위해 광고 분석 프로그램 같은 것을 활용한다. 전문가들만 아는 비밀을 하나 풀자면 최근에 나온 유튜버 〈정다르크〉의 시크릿팡이라는 프로그램은 쿠팡광고를 효율적으로 돌리기 위한 최적의 조건을 알려준다. 더자세한 내용들은 각 마켓마다 설명하는 영상들이 많으니 유튜브나 네이버에서 검색해보면 된다고 한다.

원가의 3배 가격으로 팔면 소비자를 속이는 것인가?

내가 팔고 있는 제품 중 리뷰는 달려 있지만 순위가 떨어져 더 이상 판매가 잘 되지 않는 제품 10개를 선정해 광고를 시작했다. 광고를 안 하다 하니 효과는 확실했다. 노출과 유입이 늘었고 당연히 평소보다 주문이 많이 들어왔다. 하지만 결과적으로는 마진을 계산해 보니 순마진은 적자였다. 내가 얻은 마진보다 광고비를 더 많이 쓰게 된 것이다. 나는 배운 대로 광고 보고서를 확인한 후 소비자들이 클릭만 해서 돈이 지출되는데 결제가 안 된 키워드를 제외시키고 다시 광고를 돌렸다. 광고를 돌린 지 일주일 후 이전보다 적자 폭은 줄었지만 여전히 적자였다. 이대로 광고를 멈추고

이 제품의 판매를 포기해야 할지 고민이 되었다. 서 과장은 이럴 때 어떻게든 상세페이지를 더 보강해 제품의 설득력을 높여야 한다고 했지만 나는 이미 최선을 다해 상세페이지를 만들었기 때문에 더 수정할 곳은 없어 보였다.

아무리 고민을 해도 방법이 보이지 않아 미친 척 가격을 올려버렸다. 굉장히 단순하게 '마진이 더 높으면 광고비보다 더 벌리지 않을까?'라고 생각한 것이다. 최초에 상품 가격이 경쟁자들보다 더 저렴하진 않지만 그렇다고 비싸지도 않았고 상세페이지는 경쟁자들 중에 내가 제일 잘 만든 것 같아 보였기에 한 시도였다. 그래도 너무 비싸면 안 팔릴 것 같아서 10개의 제품 중 판매가를 10% 정도만 올렸다. 10% 판매가를 상향해도 판매 10개의 제품 중에 3개의 제품이 판매가 일어났다. 나는 나머지 7개의 제품의 광고를 중지하고 나머지 3개 제품의 가격을 조금씩 더 올렸다. 조금 더 가격을 올리자 2개의 제품은 팔리지 않고 나머지 '앤틱 협탁' 제품은 계속해서 가격을 올려도 판매가 되었다. 결국 7만 원짜리 제품을 21만 원에 판매했다. 가격을 이만큼 높이니 판매량은 줄었지만 마진이 워낙 높아 광고를 돌려도 1개 팔렸을 때 6만 원이나 남았다. 협탁이 계속 팔려도 뭔가 소비자들에게 미안한 마음이 들었다. 중국산 브랜드도 없는 7만 원짜리 제품을 21만 원에 파는 게 맞는 건가? 너무 비싸게 파는 건 아닐까 싶어서 서 과장에게 이런 폭리에 대해 어떻게 생각하는지 물어봤다.

"폭리라… 나도 그렇게 생각한 적이 있었어. 120만 원짜리 침대 2개를 240만 원에 팔았는데 배송비가 한 번만 드는 바람에 120만 원이 남았거든? 이렇게 팔아도 되나 싶더라고. 그리고 통통 튀면서 굴러가는 고양이 장난감을 아무도 안 팔길래 5,000원짜리를 54,000원에 올려놓고 팔았어. 그런데 다른 판매자가 45,000원에 올려놓고 파는 거야. 그래서 소비자한테 욕먹을까 봐 10,000원을 또 계좌이체로 보내준 적도 있었지. 그런데 결국 중요한 건 소비자가 샀다는 거야. 그리고 만족했다는 거지. 온라인 판매가 재밌는 게 오프라인처럼 고객이 제품을 보고 사는 게 아니라 상세페이지의 글과 이미지를 보고 결제를 하고 나서야 물건을 받을 수 있다는 거야. 그래서 제품의 가치를 높아 보이게 만들면 가격을 높여도 구매가 일어나. 그래도 결국 소비자가 받았을 때 내가 낸 돈의 가치보다 제품의 가치가 높다고 생각이 들지 않으면 반품을 하거나 안 좋은 리뷰를 달기 때문에 나는 그 가격을 고수하면서 물건을 팔 수 없지. 그러니 정답은 우선 팔아보는 수밖에 없어. 제품의 가치는 사람마다 다르게 느끼고 내가 결정하는 게 아니라 소비자들이 결정할 문제니까."

공부한 것들이
매출이 되어 돌아오다

가뜩이나 밤낮으로 시달리는데 사장님이 월요일 전체 회의 시간에 영업부에 소리를 질러댔다. 회사의 매출이 점점 줄고 있다며 대놓고 우리 탓을 한다. 전체 회의가 끝나고 영업 내부 회의가 소집되었다. 영업부장님은 어떻게든 매출을 증대시킬 방안을 내놓으라고 영업사원들을 닦달했다.

'돈 더 많이 받으면서 지가 아이디어를 내야지. 우리한테 떠넘기네.'

나는 그냥 한 귀로 듣고 한 귀로 흘리자고 마음먹었다. 그런데 갑자기 뇌가 번쩍이더니 그동안 강의에서 배웠던 내용이 떠올라 아이디어를 만들어 내기 시작했다.

우리 회사는 자전거 총판 회사다.

자전거를 수입하고 유통해준다.

자전거는 우리가 관리하는 자전거 매장(소매업체)들에서 팔아준다.

여기서 잠깐!

우리 회사의 매출이 증대되려면 소매업체들이 우리 물건을 많이 가져가야 한다.

우리 물건을 가져가려면 자전거 매장들이 물건을 잘 팔아야 한다.

자전거 매장들이 물건을 잘 팔려면 그들의 매장이 사람들에게 잘 노출되어야 하고 그 제품들이 잘 노출되려면 온라인으로 홍보를 잘해야 한다.

온라인 홍보? 온라인 홍보 하면 대표주자가 바로 블로그 아닌가.

자전거 매장 사장들에게 블로그를 할 수 있게 도와주면 되지 않을까?

우리가 관리하는 자전거 매장 사장님들 중 젊은 사장들은 블로그를 하는 사람들이 많았지만 대부분은 연세가 있으신 분들이라 블로그는 커녕 공동인증서도 내가 깔아줘야 할 판이었다. 이런 현실에서 영업사원들한테 블로그에 대해서 교육해주고, 또 그 영업사원들이 각 매장에서 블로그를 운영할 수 있도록 도와주고, 이미 블로그를 운영하는 사람들한테는 상위노출하는 방법을 알려주면 자연스럽게 우리 매출이 늘지 않을까? 대박! 난 천재야.

나는 업무시간에 기획안을 써서 부장님께 전달했다. 안타깝게도 내 제안은 사장님께 올라가지 못했다. 내가 했던 제안이 씨알이 안 먹히자 나는 내가 관리하는 매장들부터 블로그를 오픈하도록 독려했다. 나이 든 사장님들이 블로그 운영을 정 못하시면 조카라든지 아니면 자식들을 데려오라고 한 다음에 블로그 운영을 가르쳐주었다. 처음 사장님들은 괜히 시간 낭비한다고 안 하려고 했지만 나는 블로그를 운영하면서 돈을 잘 버는 매장들 리스트를 보여주면서 설득했다. 그렇게 한 매장, 한 매장이 블로그를 시작해서 본인의 가게와 제품들을 소개하도록 시켰다. 이때 서 과장이 운영하는 광고대행사의 도움을 받아 각자의 매장을 네이버 플레이스에서 어떻게든 상위노출할 수 있게 만들었다. 물론 공짜로는 아니고 거의 원가로 도와줬다.

성과는 어땠냐고? 성과는 말도 안 되게 폭발적이었다. 요즘 같이 소비자들이 온라인으로 모든 것을 검색하는 시대에 온라인 홍보를 하지 않는 매장들이 블로그를 통해 그리고 네이버 플레이스를 통해 온라인에서 노출이 되니 1~2주 만에 폭발적으로 매출이 증가했다. 사장님들도 블로그의 조회수와 플레이스 유입을 눈으로 보니 눈이 휘둥그레지며 더 알려고 애쓰고 더 순위를 높이려고 노력했다.

이렇게 블로그를 시작한 지 3개월이 지나고부터 나는 영업사원들 중 매출 증가율 1등에서 내려와 본 적이 없다. 사장님이 역대급 연봉 협상이라고 하면서 아무도 모르게 내 연봉도 올려주셨다. 전무님도 나를 따로 불러서 절대 다른 데 가서 이야기하지 말라고 신신당부를 했다.

그날 밤 나는 흥분이 돼서 잠을 잘 이루지 못했다. 내가 작게 운영하고 있던 위탁판매 부업이 크게 보면 이 200억이 넘는 회사에서 하는 시스템과 동일한 것이었다. 내가 하고 있는 위탁판매는 남의 제품을 소비자들에게 노출하고 가치를 높여 판매해 돈을 번다. 같은 메커니즘으로 우리 회사는 남의 제품이 아닌 회사의 제품을 오프라인 소매업체를 통해 소비자들에게 노출해서 제품을 팔고 돈을 벌고 있었던 것이다. 가장 중요한 것은 노출이고 다음으로 중요한 것은 우리 제품의 가치를 더 높게 보여주기 위한 마케팅이었다는 것을 알았다.

그동안 공부한 것들이 한 선으로 이어지는 듯한 전율이 일었다. 스티브 잡스가 이야기한 "우리가 하는 모든 일(점)들이 한 선으로 이어진다"는 게 바로 이런 것인가? 나에게 이 경험은 앞으로 판매자의 삶을 살아가는 데 있어 소중한 경험이 되었다.

온라인 부업 1년 만에
직장인 8년 차 월급을 벌다

서 과장은 바로 실전에 적용해서 가치를 높이는 방법을 알려주었다. 같은 제품을 팔더라도 2개씩 묶어 파는 전략, 캠핑텐트를 팔더라도 그냥 텐트만 파는 게 아니라 증정품을 포함해 가격을 높이거나 초보 캠핑 세트처럼 옵션으로 묶어서 파는 전략을 가르쳐 주었다. 가장 도움이 됐던 전략은 상세페이지에 설득력을 높이는 방법들이었다.

《설득의 심리학》에 나오는 사회증거의 법칙을 적용해 소비자들의 후기들을 상세페이지에 포함해서 설득력을 높이는 방법,《캐시버타이징》에 나오는 소비심리학 이론을 적용해 내 제품과 타

제품을 비교 광고해서 설득력을 높이는 방법, 간다 마사노리의 《돈이 되는 말의 법칙》에 나오는 대담한 보장의 법칙을 이용해서 100% 환불 보장을 외치며 설득력을 높이는 방법, 《설득의 심리학》에 나오는 내용 중 희귀성의 원칙으로 기간을 한정해 소비자의 구매를 일으키는 방법, 논문이나 저명한 서적 혹은 전문가의 권위를 이용해 설득력을 높이는 방법… 그중에서 제일 신박한 방법은 상세페이지를 길게 만드는 전략이었다. 마케팅 용어로 휴리스틱을 이용해서 설득력을 높이는 방법으로, 생각하는 것을 싫어하는 사람의 본능을 이용해 특별하지 않은 기능들을 쭉 나열해서 상세페이지를 길게 만드는 전략이다. 상세페이지를 길게만 만들어도 가치가 올라가다니 놀랍지 않은가. 그래서 잘 팔리는 제품의 상세페이지를 보면 하나같이 길었구나 싶었다. 이 모든 전략은 제품의 가치는 그대로이지만 소비자들의 심리를 이용해 설득력을 높이는 전략들이었다.

나는 당장 적용할 수 있는 이 전략들을 이용해서 하나의 상세페이지 틀을 만들고 제품을 바꿔 가며 도매몰에 있는 제품들을 업로드했다. 중간에 판매되는 제품이 있으면 꼭 고객한테 문자를 보내 리뷰를 얻어내는 작업을 했다(문자를 보내는 일은 개인정보보호법 침해가 될 수 있으니 네이버 톡톡이나 오픈마켓 플랫폼을 활용해서 리뷰를 얻는 작업을 하는 게 좋다).

내가 올린 제품 중에 어린이용 카메라가 있었다. 고객에게 리뷰를 독려하는 문자를 보내기도 전에 사진을 5장이나 찍어 제품의 디테일한 리뷰를 올려주었다. 그 리뷰가 올라오고 하루에 3개씩 주문이 들어왔고, 주문이 많은 날에는 하루에 12개도 주문이 들어왔다. 나는 고객의 후기들이 쌓일 때마다 상세페이지를 업데이트했고 반품이 들어오면 그 제품을 가지고 동영상과 사진을 찍어 상세페이지에 설득력을 높였다.

제품 하나가 터지니 정신이 없었다. 주문을 잘못 보내는 실수를 해서 다시 보내주고 급하게 필요하다는 사람한테는 단순 변심으로 반품 들어온 제품을 직접 배달해주기도 했다. 정신없이 밀려오는 주문에 나는 주문처리 말고는 아무것도 할 수 없었고 정신을 차려보니 한 달 매출액 2,400만 원을 달성했다. 판매가 많이 일어나는 중간부터는 수업에서 배운 대로 공급업체에 연락해서 10% 추가 할인을 받아 20개씩 구매해 3PL 창고(일정 수수료를 받고 물건을 맡아주고 배송까지 도와주는 업체)에 재고를 두고 팔았다. 그달의 순수익은 384만 원이었다. 중소기업 8년 차인 내 실수령액 350만 원을 넘긴 것이다.

온라인 부업을 시작한 지 1년 만의 쾌거였다.

책이 재미있어졌다

서 과장이 추천 한 책 중《뇌, 욕망의 비밀을 풀다》라는 책이 있다. 이 책에서 연필과 아이라이너는 제조단가는 크게 차이 나지 않지만 가격은 10배 이상 차이 나는 이유를 설명한다. 아이라이너가 더 비싼 이유는 인간의 욕구 중 성욕에 관련된 제품이기 때문이다. 배란기 여성은 눈밑에 피부가 검게 변한다고 한다. 아이라이너를 사용하면 배란기가 아닌 때에도 배란기처럼 보이게 만들어주고 남성은 아이라이너를 한 여성에게 더 끌린다. 이렇게 연필은 일상 제품이지만 아이라이너는 욕구에 더욱 밀접하기 때문에 10배의 가격 차이가 날 수 있다.

굉장히 흥미로운 주제였기 때문에 이 책의 내용을 머릿속에 입력하려고 노력했다. 그렇게 도매몰에서 제품을 찾아보다가 예쁘게 디자인된 노인용 휴대용 변기 의자를 보고 책의 내용이 떠올랐다. '아! 노인용 휴대용 변기를 감성 캠핑 휴대용 변기로 팔면 더 비싸게 받을 수 있겠다'는 생각이 들었다. 캠핑용품은 감성비라고 해서 디자인만 괜찮다면 가격을 더 높게 받을 수 있는 카테고리였다. 나는 23,000원짜리 노인용 휴대용 변기 의자를 감성용 캠핑의자 콘셉트로 바꿔 상세페이지를 만들고 78,000원에 팔았다. 그 당시 캠핑의 인기에 힘입어 무려 150개나 팔았다.

이때부터 나는 누가 시키지 않아도 책을 읽기 시작했다. 서 과장이 추천해준 마케팅 책부터 유명하다는 마케팅 책은 다 사서 보았다. 마케팅 실용서에는 행동경제학과 소비심리학에 기반한 인간의 무의식과 감정을 건드리는 판매 방법들이 나와 있었고 나는 여기서 힌트를 얻어 판매에 적용시키는 재미에 푹 빠졌다. 왜 부자들이 책을 좋아하는지 알 것 같았다. 마케팅 책을 보면서 인간에 대해 더 궁금해지게 되고 뇌과학 책부터 인문학에 관련된 책까지 폭넓게 보게 되었다.

직원을 고용해야 할까?

나는 현재 사업자를 내고 쇼핑몰 사업 중이다. 다니던 회사는 사실 겸업 금지 조항이 있지만 중소기업이라 그렇게 잘 지켜지지 않았다. 서 과장도 회사에 다닐 때 유튜브를 하다 걸렸지만 아무 문제가 없었고, 본인 사업자를 내서 제품 판매를 했지만 회사에서 아무도 몰랐다. 나도 사실 사업자를 내도 큰 문제가 없을 거라고 생각했지만 초창기에는 무언가 하지 않을 핑곗거리가 필요했던 것 같다. 쇼핑몰 사업을 시작하고 점점 증가하던 매출액은 이제 3,000만 원 가까이 되었지만 3,000만 원을 넘지 못하고 있었다. 계속해서 새로운 상품을 발굴해서 마켓에 올려야 매출이 증가할 텐데 회사가 끝나고 CS와 주문처리하는 것만으로 시간이 모자랐다. 이대로는 뭔가 아쉬웠다. 나는 또 서 과장 찬스를 이용했다.

"서 과장! 지금 매출이 더 늘지를 않아… 시간이 부족해… 어떡하지? 직원을 고용할까?"

"직원을 고용하는 건 안 돼. 직원을 고용하는 순간 고용보험 때문에 회사에서 네가 겸업하는 걸 알게 돼."

"그럼 어떡해?"

"와이프한테 부탁해보면 안 돼?"

"그건 안 될 것 같아…."

"그러면 외주를 줘야 돼."

"외주?"

"응. 너만 할 수 있는 일은 네가 하되 나머지는 크몽 같은 데서 해당 업무를 할 수 있는 업체를 찾아 외주를 주는 거야. 예를 들어, 상품을 발굴하고 상세페이지 기획하는 것은 네가 하고 상세페이지 제작은 외주 업체에 맡기는 거지. 주문처리는 와이프한테 부탁하는 게 가장 좋아. 와이프한테 부탁하지 못할 거면 와이프 지인이나 가정주부 중에 부업 필요한 사람에게 부탁해보는 것도 좋아. 그렇게 어렵지 않은 일이고 아이 보면서 재택으로 할 수 있으니 분명 할 만한 사람이 있을 거야."

사람이 필요하긴 했지만 막상 사람을 구하려니 내 피 같은 돈이 너무 아까웠다. 차일피일 사람 구하는 것을 미루고 잠을 더 줄

이며 무리하다 결국 사고가 터졌다. 회사에 출근할 때 졸음운전으로 앞차를 박은 것이다. 나중에 깨달았지만 일의 위임이라는 것은 매출을 성장시키기 위해 선택이 아니라 필수였다. 서 과장이 얘기해준 대로 상세페이지 업체를 구해서 외주를 맡겼고, 와이프 지인이 아닌 아는 동생에게 내가 하는 것을 이야기해주고 부업 제안을 하니 안 그래도 부업이 필요했다고 선뜻 승낙했다.

　내가 하는 일은 상품 기획과 CS, 나머지 일은 외주를 맡기게 되었다. 약 400만 원 순수익 중에 150만 원은 외주비용으로 지출하게 되었다. 제일 먼저 CS를 외주로 맡기고 싶었지만 서 과장은 CS는 중요한 부분이라 제일 나중에 맡기는 게 좋다고 했다. 크몽에서 찾은 상세페이지 업체에서 결과물을 보았을 때 나는 그동안에 내 상세페이지를 보고 제품을 사준 소비자분들께 감사의 절을 올리고 싶었다. 확실히 전문가는 달랐다. 미리캔버스로 만든 내 상세페이지와 외주로 맡긴 상세페이지의 퀄리티는 하늘과 땅 차이였다. 외주를 쓰면서 비록 내 수익은 줄었지만 드디어 시간이 생겼고 이제는 더 이상 잠을 줄이지 않아도 되었다.

데일 카네기에게 배우는
CS 잘하는 법

많은 사람이 CS를 어려워하는 것처럼 나 또한 CS가 어려웠다. 분명히 고객 잘못인데 환불이나 보상을 해달라는 고객들과의 대화는 나를 너무 힘들게 했다. 나는 서 과장이 빌려준 데일 카네기의 《인간관계론》에서 적용할 수 있는 부분을 찾았다.

거기에는 경찰관도 거리낌 없이 죽이는 살인자 쌍권총 크롤리라는 인물이 등장한다. 죄 없는 사람들을 권총으로 쏴서 죽인 크롤리는 경찰에 잡혀 전기의자형을 당할 때까지 본인이 잘못했다고 인정하지 않았다. 이런 희대의 살인자도 본인이 잘못한 것을 인정을 안 하는데 하물며 고객이 자신이 잘못했다고 인정하길 바라는 것은 기대조차 해서는 안 된다. 몇몇 자신의 잘못을 인정하는 사람이 있겠지만 매우 극소수다. CS를 할 때 나의 문제는 그들이 잘못을 인정하게끔 하려고 논리적으로 이야기를 한다는 것이었다. 하지만 대부분의 시도는 그들을 더 화나게 했고 나는 거기서 쓸데없이 에너지를 낭비하게 됐다.

잘못을 집어 주기 전에 우선 해야 될 일은 고객의 호감을 사는 일이고. 데일 카네기의 《인간관계론》에서 알려준 방법 중 우리가 당장 할 수 있는 호감을 살 수 있는 행동은 고객의 이야기를 들어주는 것이다. 내가 말하기보다 고객이 원하는 내용을 우선 들어주고 최대한 맞춰주려고 노력하는 모습을 보여주면 고객이 원하는 보상 수준이 아니더라도 수긍을 한다. 물론, 어떠한 말과 노력을 해도 수긍을 하지 않는 고객들이 있고 그런 고객들은 그냥 환불해주는 게 마음이 편하다. 마음만 편한 게 아니라 환불해주는 게 실질적으로 매출에 도움이 된다.

오프라인 장사를 할 때는 환불 때문에 고객과 싸우고 돌려보내도 침 한번 뱉고 끝내면 된다. 하지만 온라인 세상에는 콘텐츠가 남는다. 고객이 쓴 좋은 리뷰도 남지만 안 좋은 리뷰도 남는다. 고객과 싸우고 법적으로 이겨서 어떻게든 환불을 안 해줘도 고객은 리뷰를 남길 수 있다. 안 좋은 리뷰는 앞으로 들어올 매출에 지대한 악영향을 끼치기 때문에 싸울 바엔 환불해주는 게 매출적으로도 이득이다.

BUY

Chapter
3

인생에 한 번은 '파는 사람'이 돼라

SELL

한국에 없는 제품을 판매하는 가장 쉬운 방법

일의 위임을 통해 시간이 생기니 상품 기획에 더 집중할 수 있게 되었다. 이제 팔릴 만한 곳을 찾는 데는 어느 정도 능수능란해졌는데 막상 팔 만한 제품을 국내 도매몰에서만 찾으니 제품이 다양하지가 않았다. 서 과장은 이런 나에게 해외에서 물건을 소싱해보라고 추천해줬다. 한국에 수입되는 제품들은 한정적이고 중국 사이트에는 훨씬 많은 물건이 있다는 것이다. 그리고 해외 직구(해외 직접 구매) 형태로 물건을 팔면 $150 이하 제품은 관부가세도 면제가 되고 많은 전자제품이 KC인증을 받지 않고도 판매가 가능하다고 했다. 물건은 타오바오나 알리익스프레스, 1688 등에서 찾아

보면 된다고 했다. 중국의 사이트들을 둘러보니 국내 도매몰 제품 수와는 비교도 할 수 없는 다양한 제품들이 있었다. 와… 이곳은 천국이었다. 국내 도매몰의 제품보다 저렴한 제품들도 많았다.

그럴 수밖에 없는 것이 국내 도매몰에 있는 제품도 결국 중국에서 수입하는 제품이 대부분이다. 그런데 정식 수입을 하면 관부가세를 약 18%를 내야 하고 도매몰에 등록할 때도 도매몰이 수수료를 3~5% 떼간다. 그리고 도매업자들도 본인 마진을 챙겨야 하니 20~30%는 마진을 붙인다. 우리는 소비자한테 물건을 팔 때 또 마진을 붙인다. 그러니 중국에서 한국 소비자에게 물건을 바로 파는 것보다 국내 도매몰의 가격이 비싸질 수밖에 없는 것이다. 물론 간혹 도매몰의 제품이 더 저렴한 경우도 있긴 하다.

나는 발목에 족쇄가 풀린 듯한 느낌을 받았다. 서 과장에게 한 개의 사업자에서 국내 제품 판매와 해외 직구 판매를 같이해도 되냐고 물어보니 가능은 하지만 국내와 해외의 국경일이 다르고 연휴 기간이 다르기 때문에 공지사항을 동시에 올리기가 어려워 가능하면 사업자를 하나 더 늘려서 국내 제품과 해외 제품을 따로 판매하라고 했다. 그리고 또 한 가지 국내 제품과 해외 제품은 세금 산정 방식이 달라서 세금 산정을 더 편하게 하기 위해서도 사업자를 나누는 게 더 좋다고 했다.

나는 팔릴 만한 곳을 찾고 국내 도매몰에서 팔 만한 제품이 있으면 국내 사업자 몰에 상품을 등록해서 팔았고 국내 도매몰에 마땅한 제품이 없으면 해외 제품을 소싱해서 팔았다. 둘 다 재고가 없는 형태의 판매 방식이었다. 다만, 해외 직구 형태 제품이 마진은 좋았지만 반품이 생길 때는 국내 위탁판매 방식보다 어려움이 있었다.

스스로 돈을 벌고 나면
달라지는 것들 1

온라인 부업을 시작한 지도 1년 2개월이 지났다. 나는 외주비용과 인건비, 광고비를 빼고도 약 600만 원 정도의 순수익을 내고 있었다. 지금 내 주력 제품은 3개다. 초창기에는 쇼핑몰의 늦은 정산 때문에 돈이 묶여 돈을 번다고 느끼지 못했다. 계속 물건을 구매해야 하니 통장에 잔고는 항상 부족했다. 하지만 시간이 지나니 통장에 돈이 쌓이고 있다. 내 월급과 부업 수익 그리고 와이프 월급과 합쳐서 한 달에 천만 원을 넘게 버는 중이다.

이렇게 돈을 벌고 나서 가장 크게 달라진 것은 나의 용돈 액수다. 용돈이 30만 원에서 50만 원으로 파격 인상되었다. 물론 와이프 용돈 액수도 올랐다. 이제 일주일에 두세 번 정도는 마음 놓고 만 원이 넘는 점심을 먹을 수 있게 되었다. 예전에는 비싼 점심을 몇 번 먹고 나면 돈이 부족해 물류 창고에서 컵밥과 라면으로 끼니를 때우곤 했다.

또 하나 달라진 것은 처남에게 용돈을 주기 시작한 것이다. 처남은 4남매 중 넷째로 외가쪽의 가정 형편이 좋지 못해 어렵게 컸다. 그래도 공부를 열심히 해서 SKY 중에 한 군데 대학에 합격했다. 하지만 등록금 대출부터 생활비까지 모두 처남이 감당해야 했고, 한번은 처남이 나에게 하루라도 돈 걱정 안 해본 날이 없다고 했을 때 마음이 짠했다. 나는 나름 건설회사를 다니시는 아버지 덕분에 대학교 생활할 때 아무 걱정 없이 공부만 할 수 있었다. 나는 와이프에게 이야기해서 처남에게 매달 50만 원씩 용돈을 지원해주자고 했다. 와이프는 너무 고마워했다.

그리고 장모님은 천주교 신자이신데 평생을 꿈꾸던 스페인 까미노 성지순례를 보내드리기로 했다. 약 500만 원 정도 비용이 드는 여행이었다. 이번에는 오히려 와이프가 안 된다고 했다. 어렵게 모은 돈을 왜 그렇게 쓰냐고 역정을 냈다. 하지만 연세도 있는 장모님인데 더 나이가 드시면 건강 때문에 성지순례를 가지 못하실 수도 있다는 생각이 들어 그냥 진행했고 나는 그 이후로 예쁨을 듬뿍 받는 사위가 되었다.

회사생활에서도 변화가 있었다. 내 스스로 돈을 벌어보니 왠지 모를 자신감이 생겼다. 예전에는 회사에서 잘리면 안 된다는 막연한 불안감이 항상 마음속 한구석에 있었다면 지금은 회사에서 잘려도 크게 상관없다는 마음이 커졌다. 그러니 내 의견에 자신감이 실리고 회사생활도 더 재밌어졌다. 이것이 소위 말하는 경제적 자신감인가?

나는 그 이후로도 몇 번이나 사장님에게 매출 증대를 위한 아이디어를 냈고, 그 이후로 또 한번 역대급 연봉 협상을 이끌어 냈다.

자식은 부모의 거울이다

"주문 왔쪄!"

집에서 일을 하고 있을 때 쇼핑몰에서 주문이 들어오면 "주문 왔쪄!"라는 알림이 울리도록 설정해놨다. 일부러 소리도 크게 설정해놨다. 주문 왔다는 소리를 들을 때마다 피로감이 가시는 것 같았다. 그런데 하루는 "주문 왔쪄!"라는 알림이 울리니 딸이 뒤에서 "우리 돈 벌었다"라고 외치며 뛰어왔다. 나는 딸을 안아주며 "돈 버는 거 어떻게 알았어?"라고 했더니 "주문 들어오면 돈 버는 거야"라고 이야기하는 것이다.

장사꾼 집안에서 장사꾼이 나오고 의사 집안에서 의사가 나온다고 하는데, 내가 판매를 하니 딸이 자연스럽게 영향을 받은 것이다. 부모의 역할이 얼마나 중요한지 깨달은 순간이다. 우리 부모님은 회사를 열심히 다녔고 나에게 항상 좋은 회사에 들어가야 한다고 말씀하셨다. 또 대출은 항상 위험한 것이니 빚 없이 살아야 한다고 신신당부를 하셨다. 그렇게 열심히 몇십 년을 살아온 결과 빚 없는 아파트 한 채를 가지고 계신다. 또 부모님은 내 앞에서 돈 얘기를 꺼내지 않으셨다. 하지만 내 딸에게는 그렇게 가르치고 싶지 않았다.

나는 우리 딸이 일찌감치 돈에 대해 눈을 뜨게 하고 싶다. 지금 내가 스스로 돈을 벌어서 얻은 이 자신감을 자식한테도 느끼게 해주고 싶다. 요즘 부모들은 공부가 다가 아니라는 것은 알고 있지만 어떤 것을 시켜야 하는지는 모른다. 나도 그랬다. 코딩이 대세라고 해서 코딩을 시켜야 하나 아니면 중국어를 시켜야 하나 갈팡질팡했다. 하지만 중요한 것은 그런 게 아니었다. 바로 무언가를 잘 파는 법을 가르치는 것이다.

코딩을 잘해서 무엇을 할 것인가? 코딩을 잘하면 IT기업에 취직을 할 수 있을 것이다. 하지만 잘 파는 법을 안다면 코딩을 잘하는 사람을 고용해 소프트웨어를 만들어 시장에 팔 수 있다. 중국어는 왜 배워야 하는 것인가? 중국어를 배워 중국어가 필요한 회사에 취직하기 위해서? 잘 파는 법을 알고 중국어를 할 줄 안다면 중국에도 무언가를 팔 수 있을 것이다. 하지만 우리나라의 교육 시스템은 노동력을 잘 팔기 위한 방법을 가르쳐주지, 무언가를 잘 파는 방법을 가르쳐주지 않는다. 심지어 나는 대학교 때 경영을 복수전공을 했지만 단 한 번도 광고를 해본다거나 물건을 팔아보는 것은 경험하지 못했다. 그럼 누가 가르쳐줘야 할까? 부모님이 가르쳐줄 수밖에 없다. 아니면 《부자 아빠 가난한 아빠》에 나오는 것처럼 부자인 친구 아빠한테서 배우거나.

내가 요즘 판매를 공부하기 위해 자주 보는 '트렌드 헌터'라는 채널이 있다. 채널의 주인인 정영민 대표는 시대가 빠르게 변해 따라가기도 벅찬 현실에서 우리는 변하지 않는 것에 집중해야 한다고 이야기한다. 무언가를 팔아야 한다는 것은 변하지 않는 세상의 본질이다. 나는 더 배우고 성장해서 내 자식에게 이 본질에 대해 깨우치게 해주고 싶다. 그러면 딸이 커서도 먹고사는 데는 걱정 없지 않을까?

퇴사를 결심하다

역대급 연봉 협상을 했지만 썩 기분은 좋지 않았다. 회사에 있는 시간 동안 오히려 판매에 힘을 쏟으면 더 잘할 수 있을 것 같았다. 그래도 회사를 그만둔다는 리스크를 지기에는 나의 순수익이 적다고 느껴졌다. 와이프에게 퇴사 이야기를 조심스레 꺼냈을 때 의외로 와이프는 찬성을 했다. 자기가 회사생활로 돈을 버니 하고 싶은 대로 한번 꿈을 펼쳐보라고 했다. 그동안의 나의 성과와 열심히 하는 모습이 와이프에게 신뢰를 준 것 같다. 한번 퇴사 마음이 들기 시작하니 일이 좀처럼 손에 잡히지 않았다. 친한 친구들에게 어떻게 하면 좋을지 물어보았다. 친구들의 의견은 사업은 어떻게 될지 모르니 지금처럼 회사생활과 병행하는 게 낫지 않겠냐는 의견이 압도적으로 많았다.

나는 서 과장에게 상담 요청을 했다. 서 과장도 분명히 퇴사 전에 이런 고민을 했을 테니까 말이다. 나의 고민 상담에 서 과장은 이런 답을 주었다.

"나도 회사를 그만둘 때 정말 많이 물어봤거든? 근데 재밌는 게 직장인 친구들한테 물어봤을 때는 그만두지 말라는 의견이 많았고, 내가 예전에 일했던 학원에 원장 선생님이나 식품 유통하는 선배한테 물어봤을 때는 빨리 회사를 나오라고 하더라. 네가 만약 성공적으로 사업을 하는 사람들한테 물어보면 한 살이라도 젊었을 때 사업을 하라고 할 것이고, 사업에 망한 적이 있거나 사업을 안 해본 직장인들한테 물어보면 사업을 하지 말라는 답을 들을 거라는 거야."

서 과장은 또 자기계발서 자판기답게 《퓨처 셀프》라는 책의 내용을 인용하며 말해주었다.

"《퓨처 셀프》라는 책에 나오는 내용인데 우리가 매일 하는 행동들은 미래의 나 자신한테 빚이 될 수도 있고 투자가 될 수 있다고 해. 내가 오늘 운동을 열심히 했으면 그것은 미래의 나에게 건강에 대한 투자를 하는 것이고, 내가 오늘 아무 의미 없이 유튜브만 보고 하루를 보냈다면 그것은 미래의 나를 위해 빚을 만드는 거지. 과거에 한 행동들이 현재의 나를 만들고 현재의 내가 하는 행동들이 미래의 나를 만드는 것이니까. 회사를 그만두고 세상에서 살아가려고 생각하면 당연히 불안할 거야. 결국 인간의 본능이니까. 그런데 지금의 네가 이 불안감을 감당하지 않으면 결국 미래의 네가 고스란히 그 불안감을 감당해야 될 때가 올 거야. 우리가 사장이 되지 않으면 자의든 타의든 언젠가는 회사를 떠날 테니까. 나도 비즈니스를 하면서 막막하고 불안한 감정들을 수없이 많이 느꼈어. 그런데 그때마다 드는 생각이 하나가 있더라. 이런 막막하고 불안한 감정들을 30대 중반인 내가 아니라 50대 중반에 느끼면 어땠을까? 그때는 체력도 자신감도 많이 떨어진 상태일 텐데 감당할 수 있었을까? 그리고 지금 한 살이라도 젊었을 때 이런 막막하고 불안한 감정들을 대면할 수 있음에 감사하곤 해. 그리고 데일 카네기의 《인간관계론》에도 나오는 내용이지만 인간은 주위 사람들에게 의견을 물어봐도 결국 내 마음이 원하는 대로 움직인다는 거야. 내가 보기에 네가 이렇게 물어보고 다닌다는 것은 너도 이미 마음속에 답을 정해 놨다는 거야."

맞다. 내 마음은 이미 회사를 그만두는 쪽으로 기울었다. 나는 역대급 연봉 협상을 한 지 한 달도 안 돼서 회사에 사표를 냈다. 사장님은 내가 퇴사하는 것에 대해 화를 낼 정도로 기분 나빠 하셨다. 내가 생각해도 나쁜 놈이긴 했다. 신경 써서 연봉도 많이 올려줬는데 퇴사를 하니 기분이 나쁜 게 당연했다. 나는 미안한 마음에 남은 휴가도 쓰지 않고 인수인계 기간이 끝나고도 15일을 더 일해주고 회사를 나왔다.

　나중에 일이지만 나는 사장님께 감사하고 죄송하다는 장문의 메일을 썼고, 사장님은 언젠가 내 사업장에 들러 나를 응원해주셨다.

반토막이 되어버린 매출

많은 직장인이 오래 다닌 회사를 그만두면 여행도 다녀오고 한다지만 나는 더 열심히 일했다. 그래서 회사를 그만둔 지 2달 만에 매출은 4,000만 원 가까이 달성했고 순수익은 약 800만 원이 나왔다. 그러다 시련이 닥쳤다. 여느 때처럼 아침 일찍 저렴하게 얻은 공유오피스 사무실에 출근해 매출을 확인하는데 어제와 비교해 제품이 1/10 정도밖에 판매가 되지 않았다. 무슨 일인지 확인해 보니 내 주력 제품과 같은 제품을 파는 사람이 등장해 가격을 더 저렴하게 팔고 있었다. 내가 가격을 낮추면 그 판매자도 따라 낮추며 가격 전쟁을 시작했다. 나는 차마 내 제품의 원가 이하로 낮추진 못했지만 그 판매자는 가격을 더 낮췄다. 결국 나는 가격 경쟁에서 지게 되었고 그달 매출은 전달과 비교해 절반으로 떨어졌다. 당연히 순수익도 절반으로 떨어졌다. 나는 서 과장에게 하소연을 했다. 서 과장은 위로의 말보다 팩트 폭격을 시전했다.

"당연하다고 생각해야 돼."

"뭐?"

"너도 재고 없이 도매몰에 있는 남의 제품을 팔아서 돈을 버는데 다른 사람이라고 못 팔라는 법은 없어. 앞으로도 네가 잘 팔면 분명히 다른 사람이 따라올 테고 그게 반복될 거야."

"그럼 나는 어떡해?"

"계속 차별화해야지. 남들이 따라오면 더 많은 사은품을 주든, 다른 색상 제품을 취급하든…."

뭔가 나 혼자만 팔 수 있는 방법을 알려 줄 줄 알았는데, 당연한 거라니. 지 매출과 관련없는 남의 일이라고 쉽게 이야기하는 것 같았다. 나는 인생이 걸려 있는데 말이다.

어찌저찌 멘탈을 부여잡고 나는 새로운 제품들을 발굴해서 매출을 끌어올렸지만 또 언젠가 떨어질 것 같다는 불안감이 가시질 않았다. 그리고 공유오피스에서 외롭게 이 싸움을 해 나가야 한다는 것도 나를 힘들게 했다. 회사에서 근무할 때는 힘든 일이 있을 때 같이 회사 욕을 해줄 동료가 있었는데 지금은 오롯이 혼자였다. 그리고 가장 무서운 것은 이 상황이 앞으로도 크게 달라질 것 같지 않다는 것이다. 새벽 1시, 나는 서 과장에게 장문의 카톡을 보냈다.

"네 덕분에 성공적으로 부업에 성공해서 새로운 인생을 살게 되어 고맙게 생각한다. 하지만 요즘 혼자 사업을 영위해 나간다는 게 쉽지 않다고 느껴진다. 언제 이 매출이 떨어질지 하루하루가 불안하다. 매출이 잘 나오면 이 매출이 계속 유지될 수 있을까 걱정이고, 매출이 떨어지면 그것은 더 걱정이 된다. 걱정의 끝에는 '다시 회사로 돌아가야 하나'라는 생각이 따라온다. 너도 이런 고민이 들 때가 있었을 텐데 너는 어떤 생각을 하면서 불안을 극복했는지 궁금하다. 밤늦게 연락해서 미안하고 답장 주면 고맙겠다."

서 과장은 아직 안 자고 있었는지 바로 답장을 보내왔다.

"네 심정 충분히 이해해. 나도 회사를 나오고 잘나가는 사람들을 만나면 매번 하는 이야기가 나 망하면 써달라고 진담을 농담처럼 포장해 이야기했으니까. 5년이 지난 지금 아직 망하지 않고 계속 성장할 수 있었던 이유는 사람을 모았기 때문이야."

"사람을 모은다고?"

"응…. 너의 쇼핑몰에 사람을 모으거나 아니면 너만의 브랜드를 가진 제품들을 좋아하는 사람들을 모아 나가야 해. 그것을 브랜딩이라고 하지."

"브랜드? 나이키, 애플, 삼성 같은 브랜드? 내가?"

"그래. 브랜딩이라고 해서 거창해 보이지만 너의 쇼핑몰이나 제품을 좋아하는 사람들을 만들고 또 모으는 것이 본질이야."

"사람들을 모으면 왜 매출이 꾸준히 증가할 수 있는 거야?"

"애플로 예를 들어볼게. 네 주위에 애플빠(애플을 광적으로 좋아하는 사람들)들 많지?"

"응. 꽤 있지."

"애플에서 갑자기 애플 전기 자동차를 만들어서 출시했어. 생전 전기 자동차를 만들어본 적 없는 회사에서. 이 애플 자동차는 인터넷으로만 예약을 받아서 타볼 수도 없고 외관을 볼 수도 없어. 과연 이 애플 차가 팔릴까?"

"음…. 팔릴 것 같은데?"

"그래. 팔리겠지. 왜냐하면 애플이라는 브랜드를 사람들이 신뢰하고 좋아하니까."

"그런데 지금 너는 어떻지? 사람들이 너의 쇼핑몰이나 제품을 기억할까? 기억하기 어려울걸? 일단 너는 돈이 되는 것을 아무거나 팔고 있어서 쇼핑몰에 특색이 없어. 그리고 네가 파는 제품에는 사람들이 기억할 만한 상표가 없잖아. 그냥 쿠팡에서 산 가습기인 거지. 네가 기존 제품보다 업그레이드된 성능의 제품을 올려도 사람들한테는 항상 새로운 제품일 뿐이야. 새로운 사람들에게 또 새롭게 신뢰를 줘야 하지. 그런데 만약 너의 제품이나 서비스에 만족하는 사람들이 있고 그 사람들을 모아놨다고 해보자. 그 사람들에게 기존 제품보다 더 업그레이드된 신제품이 나왔다고 알리는 거야. 그런데 고객 감사 이벤트라고 하면서 특별히 20% 할인까지 해준대. 그 사람들은 이미 너의 제품과 서비스에 만족하고 있어. 과연 살까 안 살까? 분명히 사는 사람이 나올 거야. 너가 그런 사람들을 많이 모아 놨을수록 신제품이 더 많이 팔리겠지. 그러면 너는 새로운 제품이 팔릴지 안 팔릴지 모르는 불안감을 덜 수 있고 불확실성이 줄어들게 되겠지."

"그래. 사람을 모아야 된다는 것은 알겠어. 그럼 지금 내 상태에서는 쇼핑몰을 브랜딩해야 되는 거야? 아니면 제품을 브랜딩해야 되는 거야?"

"모아 놓은 돈 좀 있어?"

"아니, 없는데?"

"그럼 쇼핑몰 브랜딩부터 하는 게 좋을 거야. 제품 브랜딩은 박스 제작부터 네가 판매할 제품에 너의 로고를 인쇄하기 위해서는 최소 주문 수량(MOQ)이라는 게 필요하거든? 그게 최소 100개는 기본이라 제품가에 따라 돈이 좀 들어. 물론 인쇄를 하지 않고 스티커를 붙여서 판매하는 방법이 있는데 우선은 재고 리스크가 적은 쇼핑몰 브랜딩부터 해보는 걸 추천해."

"쇼핑몰 브랜딩은 어떻게 하는데?"

"제일 먼저 해야 될 것은 사람들이 너의 쇼핑몰을 좋아할 만한 이유를 만들어야겠지?"

"막막한데. 어떻게 하면 사람들이 내 쇼핑몰을 좋아할까?"

"하하하하. 내가 모든 문제에 답을 알고 있다면 이미 재벌이 되어 있겠지. 하지만 힌트는 줄게. 사람들이 네 쇼핑몰을 좋아할 만한 이유를 만드는 것 중 가장 쉬운 방법은 네가 판매할 사람들의 타깃층과 카테고리를 좁히는 일이야. 예를 들어, 요리사들을 위한 소금 쇼핑몰을 만든다고 해보자. 그 쇼핑몰에는 국내에서 제조하는 소금만 있는 게 아니라 히말라야 소금, 칠레 소금, 브랜드 소금 등 온갖 소금을 모아 놨다고 해볼게. 요리사들도 음식의 차별화를 위해 고민하고 있을 텐데 이런 쇼핑몰을 좋아할 수도 있지 않을까? 그렇다고 소금을 팔라는 건 아니고 그냥 생각나는 대로 이야기해본 거야. 아니면 이런 것도 있을 수 있지. 민트 색상을 좋아하는 사람들이 있잖아? 분명히 있을 거야. 세상에 모든 민트 제품들은 거기 다 모아 놓는 거야. 민트색 가방, 민트색 신발, 민트색 우산 등등. 그럼 민트색을 좋아하는 사람들이 너의 쇼핑몰을 좋아하지 않을까? 한번 잘 고민해봐. 혹시 알아? 브랜딩이 잘 되어서 MUSINSA(무신사) 같은 곳을 만들 수 있을지?"

서 과장의 이야기를 듣고 보니 단골이라는 개념이 생각났다. 나는 골목길이라는 술집의 단골이다. 그 이유는 LP판으로 음악을 틀어주기 때문이다. LP판으로 음악을 틀어준다는 이유만으로 나는 그곳을 좋아하고 주변 사람들에게도 소개시켜줬다. 브랜딩이란 단골을 만드는 것과 같다는 생각이 들었다. '내 쇼핑몰을 좋아하는 사람들을 모은다'라…. 나의 주력 판매 제품들은 캠핑과 관련되어 있는 제품이다. 이 경험을 살려서 사람들이 좋아하는 캠핑 쇼핑몰을 만들고 싶긴 하다. 막막한 내 심정이 표정에 드러났는지 서 과장은 웃으면서 덧붙였다.

"쇼핑몰 브랜딩 말고 한 가지 더 망하지 않는 브랜딩 방법을 알려줄까?"

나는 얼굴이 보이지도 않는 휴대폰에 대고 고개를 세차게 끄덕였다.

지구상에 누구도 따라올 수 없는
제품으로 브랜딩하는 법

서 과장이 얘기해준 방법은 퍼스널 브랜딩이다. 나 자신을 좋아하는 사람을 모으는 것. 이것은 실패가 없다고 했다. 그리고 지금 유튜브라는 플랫폼이 브랜딩을 하기에 최적화된 알고리즘을 가지고 있다고 했다. 그런데 이 방법을 사용하기에 가장 큰 한 가지 문제가 있다. 바로 도무지 생각해도 사람들이 나를 딱히 좋아할 이유를 찾을 수가 없다는 것이다. 나는 지극히 평범한 얼굴에 말도 잘하는 편이 아니었다.

"사람들이 나를 좋아할 이유가 없을 것 같은데 어떻게 사람들을 모으지?"

"예전에 너였다면 사람들이 좋아할 만한 요소가 없었을지도 모르지. 하지만 지금 너는 어떨까? 너는 중소기업에 다니면서 부업으로 블로그, 쿠팡 파트너스 그리고 체험단도 해봤지. 그리고 온라인 판매를 통해 한 달에 600만 원 이상 수익을 내봤어. 더 나은 미래를 위해 용기 내서 회사를 그만뒀고 지금은 쇼핑몰 브랜딩을 시도하려고 하고 있어. 네가 600만 원 이상 수익을 내기 위해서 공부했던 것들과 경험했던 것들 이것은 사람들이 알고 싶어 하는 것들이야. 우리나라에 한 달에 100만 원만 더 벌었으면 좋겠다는 사람들이 얼마나 많은지 알아? 네가 돈을 벌면서 성장하는 그 과정이 가치를 만들고 그 가치를 알아봐주는 사람들이 모일 거야. 내가 하는 말이 아니라《프로세스 이코노미》라는 책에도 이런 내용이 나와. BTS가 이렇게 전 세계적으로 인기가 많아졌는지 알아? BTS는 춤과 노래를 완성시킨 다음에 대중에게 서지 않았어. 그들이 성장하는 모습들을 팬들에게 공유했고 팬들은 그 영상들을 다시 온라인에 공유했어. 이렇게 그들이 성장하는 과정을 공유했기에 지금의 BTS가 존재할 수 있었던 거야. 나는 회사에 다닐 때부터 유튜브를 시작했고 내가 성장하는 모습을 처음부터 보여줬어. 쇼핑몰을 시작하고 첫 주문이 들어오는 모습부터 어린이 제품을 잘못 올려 벌금을 내고 전파법 위반으로 경찰서에 가는 모습들을 하나하나 전부 보여줬지. 사람들은 그런 과정들을 보면서 나라는 사람에게 신뢰를 갖게 되었고 나를 좋아하게 되었어. 그리고 내가 만든 강의, 내가 만든 프로그램 서비스를 사줬어. 새로운 서비스를 기획할 때도 나를 좋아해주는 사람들이 있었기에 리스크를 감수하고 투자할 수 있었어. 내가 소비자들을 만족시킬 만한 서비스를 만들기만 한다면 나를 좋아하는 사람들 중에 분명히 사주는 사람이 있을 거라는 믿음이 있었으니까. 이런 장점 말고도 퍼스널 브랜딩을 통해 사람들이 모일수록 나의 가치가 높아졌고 나의 가치가 높아짐에 따라 이전에는 만날 수 없는 사람들을 만나 그들에게 비즈니스를 더 배울 수 있게 되었지. 네가 더 큰 성장을 하고 싶다면 쇼핑몰 브랜딩과 동시에 꼭 퍼스널 브랜딩을 해보길 바랄게. 네가 학폭 가해자였거나 예전에 크게 나쁜 짓을 하지 않았다면 말이지."

서 과장은 침을 튀겨가며 퍼스널 브랜딩의 중요성에 대해 강조했다. 하지만 아무리 좋다고 얘기를 들어도 내가 경험해 보지 못한 것이라 크게 와닿지 않았다. 그리고 사람들 앞에 얼굴을 알린다는 것이 썩 내키지 않았다. 얼굴이 안 보이는 블로그로 퍼스널 브랜딩을 하면 안 되냐고 물었더니 서 과장은 유튜브가 두 가지 측면에서 블로그보다 사람을 모으기가 쉽다고 했다.

첫 번째는 유튜브 알고리즘 때문이다. 블로그에서 내가 쓴 글이 노출이 되려면 상대방은 네이버에서 특정 키워드를 검색해야 된다. 즉, 내가 블로그 제목이나 태그에 넣은 키워드와 사람들이 네이버에서 검색하는 키워드가 맞아떨어져야지만 노출이 된다.

그 말은 특정 키워드를 모르는 사람들한테는 내 블로그 글이 노출이 안 될 수도 있다는 이야기다. 하지만 유튜브의 알고리즘은 다르다. 유튜브는 특정 키워드를 검색하지 않았더라도 해당 분야에 조금이라도 관심이 있는 사람들한테 내 영상을 노출해준다. 나도 유튜브 알고리즘이 내 취향을 파악해 보여주는 영상에 놀란 적이 한두 번이 아니다.

두 번째는 유튜브를 하면 블로그뿐만 아니라 인스타, 틱톡, 유튜브 쇼츠까지 다양한 플랫폼으로 노출을 확대할 수 있다. 유튜브 촬영을 하기 위해서는 대본을 써야 한다. 왜냐하면 대본 없이 카메라 앞에서 영상을 찍는다는 것은 굉장히 어려운 일이기 때문이다. 대본을 쓰면 조금만 가공해서 블로그에 업로드할 수 있다. 그리고 유튜브 영상 중에 핵심 부분을 잘라서 인스타 릴스나 틱톡, 유튜브 쇼츠에 올리면 한 가지 콘텐츠로 다양한 플랫폼에 노출하고 다시 유튜브로 연계되도록 콘텐츠 풍차 돌리기를 할 수 있다. 그리고 유튜브를 시작함으로써 영상 편집 기술을 공부하게 되고 이것은 나중에 상세페이지의 설득력을 높이기 위해 제품 영상을 편집할 때도 도움이 된다고 했다. 조만간 숨 쉬는 것도 판매에 도움이 된다고 할 사람이다. 서 과장이란 사람은.

그렇게 나는 쇼핑몰 브랜딩과 퍼스널 브랜딩을 같이 고민하게 되었다.

혼캠 쇼핑몰의 탄생

신기한 일이 일어났다. 어떤 콘셉트로 쇼핑몰을 브랜딩해볼까를 계속 고민했지만 답이 안 나와 머리도 식힐 겸 유튜브를 봤다. 휴식할 때 유튜브를 보는 것은 뇌를 쉬게 하는 것이 아니란 것을 알고 있지만 유튜브 영상의 유혹을 뿌리치기가 어려웠다. 유튜브 홈 화면에는 내가 즐겨 보는 프로그램 〈나 혼자 산다〉 영상이 떴고 나는 습관적으로 클릭했다. 별 생각 없이 영상을 보고 있는데 갑자기 아이디어가 떠올랐다.

'나 혼자 산다? 캠핑? 나 혼자 캠핑? 나 혼자 캠핑하는 사람들의 쇼핑몰을 만들어 보면 어떨까?'라는 생각이 퍼뜩 떠올랐다. 나는 당장 혼캠의 수요가 있는지 네이버 데이터랩에 찾아봤다. '혼자 캠핑'이라는 키워드가 한 달에 약 1,000건 검색이 되고 있었다. 연관 검색어로 여자 혼자 캠핑이 970회가 있었다. 수요가 있었다. 유튜브에 혼자 캠핑하는 영상을 찾아보니 조회수가 생각보다 높았다. 사람들이 혼자 캠핑하는 것에 분명 관심을 가지고 있었다. 앞으로 점점 1인 가구들이 늘어나니 혼자 캠핑하는 사람들을 위한 제품만 파는 쇼핑몰을 만들어 봐야겠다고 결정했다.

나는 쿠팡, 스마트스토어, 지마켓, 옥션 같은 남의 판매 플랫폼에서는 사람을 모으기가 어렵다고 판단했고, cafe24를 통해 자사몰을 만들었다. 자사몰 만드는 비용은 생각보다 크지 않았다. 약 60만 원이면 충분했다. 서 과장은 cafe24에서 특강을 한 적이 있어서 cafe24 관계자를 알고 있었고 cafe24 관계자가 저렴하게 자사몰을 만들 수 있는 방법을 알려줬다고 한다.

혼캠 쇼핑이라는 로고를 만들고 1인 캠핑 제품을 찾기 위해 국내 도매몰을 뒤졌다. 국내 도매몰에 내가 찾는 제품이 없으면 해외 도매사이트를 뒤져가며 1인 캠핑과 관련된 제품을 찾아서 쇼핑몰을 채워나갔다. 하지만 소비자들은 나의 쇼핑몰에 들어오지 않았다. 이유는 이제 나도 알고 있다. 내가 만든 쇼핑몰을 아무도 모를 테니 사람들이 유입될 리가 없었다.

그럼 어떻게 유입시켜야 할까? 블로그를 써봐야겠다는 생각이 들었다. 블로그로 혼자 캠핑 키워드를 잡아서 이런 쇼핑몰이 있다는 것을 알려야 했다. 그런데 지금 나는 기존 국내 위탁 쇼핑몰과 구매대행 쇼핑몰을 관리해야 했기에 여유 시간이 없었다. 그래서 블로그 체험단을 모집하기로 결정했다. 예전에 블로거로서 체험단을 모으기 위해 가입해놨던 카페와 오픈채팅방에서 체험단 모집을 하기 시작했다. 그리고 블로그 지수가 높은 사람들을 골라내혼캠 쇼핑몰 체험단 글을 요청했다. 내가 광고주의 입장이 되어보니 캠핑과 상관없이 잡다하게 홍보하는 사람들은 모두 걸러내게 되었고, 갑자기 나의 흑역사들이 부끄러워졌다.

'아! 내가 예전에 이렇게 잡다하게 글을 써놨으니 체험단에 선택되기 어려웠구나. 차라리 블로그를 여러 개 개설해서 카테고리를 좁혀서 글을 쓸걸⋯.'

항상 후회는 지각을 한다.

내가 몰랐던 세계

블로그 체험단을 통해 글을 올리면서 신기하게 자사몰의 방문자가 늘어나기 시작했다. 하지만 굉장히 적었다. 나는 서 과장에게 유입을 늘리기 위한 좋은 방법이 없냐고 물었고 서 과장은 '물길 작업'이라는 전략을 알려주었다. 농사가 잘 되려면 물길을 잘 터야 한다는 것이다.

우리처럼 돈이 별로 없는 자영업자들은 대기업들이나 중견기업들이 하는 광고를 따라갈 수도 없고 따라 해서도 안 된다고 한다. 대기업들은 본인의 브랜드를 홍보하기 위해 TV 광고며 홈쇼핑이며 적게는 수천만 원 많게는 수억 원의 광고비를 집행한다.

버스정류장, 지하철역, 네이버 메인 페이지, 카카오톡 메인 페이지 등 우리의 눈이 가는 곳이라면 본인의 브랜드를 알리려고 노력한다. 하지만 그것은 이미 어느 정도 브랜드 인지도가 확보된 상태에서 마케팅의 '반복 노출' 효과를 일으키기 위한 전략이다. 나같이 아무도 모르는 브랜드는 그렇게 해서는 99% 망한다. 우리는 최소한의 금액으로 내 제품과 서비스에 관심 있는 사람들에게 파고들어가 광고를 해야 한다.

가장 먼저 찾아봐야 할 곳은 내 쇼핑몰 콘셉트에 맞게 혼자 캠핑을 즐기는 사람들이 모인 곳을 찾아봐야 한다. 네이버 카페에서 '혼자 캠핑'이라는 키워드로 카페를 검색했다.

[여혼여] 여자혼자가는여행/ 여자여행카페No.1/ 동행/차박/캠핑
여혼여,여자혼자가는여행,혼여,국내,제주,해외,여행친구,동네친구,동행,차박,캠핑,미즈...
주제 여행 > 여행일반　　　　　멤버수 22,265
랭킹 열매4단계　　　　　　　　새글/전체글 61 / 64,991

여쏠캠 여자 혼자 즐기는 감성캠핑,차박이야기
[여쏠캠]여자 혼자or여자끼리 즐기는 캠핑,차박,감성캠핑용품정보 그리고 사는 이야...
주제 여행 > 여행일반　　　　　멤버수 593
랭킹 씨앗3단계　　　　　　　　새글/전체글 0 / 419

혼자도 좋은 캠핑 여행
혼자도 좋은 캠핑 여행
주제 여행 > 국내여행　　　　　멤버수 1
랭킹 씨앗1단계　　　　　　　　새글/전체글 0 / 1

나 혼자 캠핑
주제 여행 > 여행일반　　　　　멤버수 1
랭킹 씨앗1단계　　　　　　　　새글/전체글 0 / 4

혼자 연구하는 캠핑카
캠핑카를 연구하는 카페
주제 스포츠/레저 > 자동차　　멤버수 1
랭킹 씨앗1단계　　새글/전체글 0 / 1

혼자 여행.혼밥혼술.간술.전국일주.소수모임.캠핑.벙개.비혼.혼행
여행
주제 여행 > 국내여행　　멤버수 20,013
랭킹 씨앗3단계　　새글/전체글 0 / 51,383

혼자다니는 캠핑
있는척~, 아는 척~, 잘난 척~ 안하기....
주제 취미 > 취미일반　　멤버수 2
랭킹 씨앗1단계　　새글/전체글 0 / 13

'여자혼자가는여행/여자여행카페No.1/동행/차박/캠핑'이라는
멤버수가 20,000명인 카페가 있다. 여기도 부족하다. 표본을 더 넓
혀 그냥 '캠핑'이라는 키워드를 검색해봤다.

캠핑퍼스트(초보캠핑)
캠핑을 시작 하는 사람들의 모임입니다~ 서로 도와가며 즐거운캠핑 합시다
주제 스포츠/레저 > 스포츠기타　　멤버수 1,053,954
랭킹 숲　　새글/전체글 842 / 1,965,271

★ 캠핑 그리고 차박 [글램핑 캠핑장,차박 캠핑용품,캠핑 카라반
★캠차 카페 캠핑 그리고 차박 [차박용품 캠핑용품,캠핑카 카라반,글램핑장.글램핑 캠...
주제 스포츠/레저 > 스포츠기타　　멤버수 2,453,859
랭킹 숲　　새글/전체글 301 / 23,309,378

초캠장터(캠핑퍼스트장터)
캠핑장비 중고거래 no.1 커뮤니티 캠핑퍼스트 공동구매 및 각종 중고 캠핑장비 거래 ...
주제 스포츠/레저 > 스포츠기타　　멤버수 1,268,945
랭킹 숲　　새글/전체글 1,492 / 3,633,227

전국 자연휴양림-휴양림, 캠핑, 차박
전국에 있는 자연휴양림, 캠핑장, 차박지 정보를 담고있는 커뮤니티 카페입니다~^-^
주제 여행 > 국내여행　　멤버수 44,576
랭킹 나무2단계　　새글/전체글 40 / 116,285

우리나라에 캠핑을 좋아하는 사람들이 이렇게나 많았다니! 그 밖에 디시인사이드 캠핑 갤러리, 네이버 밴드에 캠핑을 좋아하는 사람들이 모여있는 곳에 침투해 우리 혼캠 쇼핑몰이 있다는 것을 자연스럽게 알리는 것이 포인트다. 그리고 혼자 캠핑하는 유튜브, 인스타 인플루언서에게 연락을 해서 광고비를 주면서 혼캠 쇼핑몰을 알리는 것도 큰 도움이 된다고 했다. 특히 유튜브 같은 경우 한번 영상을 찍어놓으면 계속해서 노출이 되기 때문에 적은 비용으로 큰 효과를 낼 수 있다고 했다. 주의할 점은 이미 너무 커버린 유튜브 채널은 한 번 영상을 찍는 데 1,000만 원이 넘어가기 때문에 이제 막 크는 신생 유튜버 중에 구독자는 적지만 조회수가 많은 채널을 골라 광고를 하는 게 중요하다고 했다. 그리고 그런 유튜버들을 찾을 때는 주언규 PD가 만든 '뷰트랩'이라는 프로그램을 활용하면 된다고 했다. 뷰트랩에 '캠핑'이란 키워드를 치면 구독자는 적지만 조회수가 상대적으로 많은 유튜브 채널들이 걸러진다.

물길작업이라는 전략이 왜 필요한지 충분히 납득이 되었지만 아직까지 판매도 없는데 피 같은 돈이 나가야 한다는 사실이 납득이 되지 않았다. 지금까지 내가 돈을 벌었던 구조는 큰 투자 없이 시간과 노력을 들여 위탁판매 상품을 찾고 상세페이지를 만들어 상품을 판매하고 돈을 버는 구조였다. 상세페이지와 주문처리 외주를 맡기는 금액은 한 달에 150만 원 정도로 충분히 감당할 만한 금액이고 나의 소중한 시간을 위해 꼭 필요한 투자였다고 생각한다. 하지만 잘 될지 안 될지도 모르는 브랜딩을 위해 투자해야 할 마케팅 비용은 어림잡아 500만 원은 넘어 보였다. 이렇게 갈팡질팡하는 내게 서 과장은 유튜브 영상 하나를 공유해줬다.

배스킨라빈스보다
10배는 낫다

그 영상은 배스킨라빈스를 창업하기 위해서 소요되는 비용에 대해 나온 영상이었다. 배스킨라빈스는 프랜차이즈 창업 중에 꽤 인기가 높다고 했다. 이유는 아이스크림의 유통기한이 길기 때문에 제품의 원가율이 낮아서다. 영상의 유튜버는 25평 기준 가맹비, 인테리어 비용 등등 해서 약 2억 3천만 원이 필요하다고 했다. 여기에 기대 수익률은 800~1,000만 원이라고 설명했지만, 그 밑에 달린 댓글들은 800~1,000만 원은커녕 한 달에 500만 원도 벌기 힘들다고 도배되어 있었다. 무엇보다 5년에 한 번씩 인테리어를 새롭게 해야 돼서 5년마다 1억이라는 비용이 추가적으로 발생한다고 했다.

투자 원금을 뽑기까지 2년이나 걸린다니 몰랐던 사실이었다. 그리고 또 유튜버는 배스킨라빈스 매장을 운영하면서 가장 어려운 점이 직원관리라고 했다. 아이스크림이 너무 딱딱해 직원들의 손목이 남아나질 않았고 그래서 많이 그만둔다는 것이다. 웃기기도 하면서 슬프기도 한 내용이었다.

서 과장이 왜 이런 영상을 보내줬는지 알 것 같았다. 나는 지금 공유오피스에서 혼자 일하고 있고 상세페이지 외주비용, 주문처리 아르바이트 비용을 빼고 한 달에 600만 원 정도 순수익을 가져가고 있다. 창업비용은 강의비로 500만 원 정도와 사업자등록을 하기 위한 비용 55,000원 등이 전부였다. 오프라인 창업비용과 상대적으로 비교를 해보니 내가 지려고 하는 리스크는 리스크라고 부를 수도 없는 정도였다. 그런데 왜 나는 선뜻 투자를 하지 못할까? 그것은 확신이 없어서였다. 잘될 거라는 확신만 있으면 투자를 할 수 있을 텐데…. 확신을 가지려면 어떻게 해야 할까? 아이러니하게도 그것은 내가 투자를 해봐야만 알 수 있었다.

그렇게 나는 500만 원을 투자해 혼캠이라는 쇼핑몰을 홍보했다. 광고비를 쓰니 자사몰에 유입이 늘어 주문이 일어났지만, 순수익은 고작 100만 원이었고 나는 400만 원 적자를 봤다. 나의 첫 투자는 보기 좋게 실패하고 말았다.

망한 것을 망하지 않게 만드는 브랜딩 비법

나는 이 과정들을 유튜브에 올리는 일도 빼놓지 않았다. 부업을 시작한 후부터 지금 위탁판매로 돈을 버는 이야기 그리고 쇼핑몰을 만들어 홍보하는 과정들을 유튜브에 빠짐없이 영상으로 만들어 올렸다. 물론 400만 원 적자가 났던 과정도 "자사몰 망했습니다"라는 제목으로 영상을 업로드했다. 지금까지 올려놓은 영상에는 크게 반응하지 않던 사람들이 망했다니까 더 많이 보기 시작했다. 신기한 것은 한 영상의 조회수가 올라가니 내가 올려놓은 다른 영상들의 조회수도 같이 높아졌다. "자사몰 망했습니다" 영상이 5만 조회수까지 늘었을 때 나의 구독자는 3,000명이 넘어가기 시작했다. 그때부터 내가 새롭게 올리는 영상들의 조회수가 이전보다는 확실히 높아졌다. 유튜브를 하지 않았더라면 실패는 그냥 실패였을 텐데, 실패가 콘텐츠가 되니 실패해도 실패가 아닌 것이 되었다. 또, 나를 응원해주는 사람들이 생겨났다.

"부자남 님 실패란 없습니다. 실패는 경험이고 이 경험이 다음 번 도전할 때 성공확률을 높여줄 겁니다."

"진정성 있는 영상 감사합니다. 많은 것을 생각하게 하네요."

"앞으로도 계속 응원하겠습니다. 계속 전진해주세요."

부자남은 내 유튜브 채널명이다. 부업으로 자유를 얻은 남자. 솔직히 부읽남 채널을 벤치마킹했다. 어쨌든 내 편이 많이 생기니 댓글에 답글을 달아줄 때 신이 났다. 하지만 좋은 댓글만 있는 것은 아니었다.

"부자남 님 얼굴 북한 괴뢰군 닮았어요."

"쇼핑몰 한다고 나대더니 결국 망했네. ㅋㅋㅋ"

"부자남? 웬 상거지가 눈앞에 있네."

악플들도 달리기 시작했다. 한두 번은 그냥 넘겼는데 영상 조회수가 증가할 때마다 몇 개 안 되는 악플이 계속 눈에 띄었고 신경 쓰였다. 서 과장은 구독자가 11만 명인데 얼마나 많은 악플들이 달렸을까? 서 과장은 악플에 어떻게 대처할까? 나는 서 과장에게 전화를 했다.

서 과장도 악플에 대해서는 할 말이 많았나 보다. 장장 30분을 혼자 떠들었다. 본인이 악플 때문에 악플러에게 직접 전화까지 해서 평평 울었던 내용, 직원을 시켜서 악플을 다 지우게 시켰던 내용 등등 결론은 말도 안 되는 악플들은 지워버리는 게 낫다고 했다. 나도 나의 성장에 도움이 될 것 같은 악플들은 남겨놨지만, 원색적인 비난을 하는 댓글들을 그냥 삭제해 버리기 시작했다. 눈에 안 보이니 훨씬 나아졌다.

유튜브에서 구독자가 모이고 가장 좋은 점을 하나 꼽자면 예전보다 외롭지 않다는 것이다. 일이 힘들고 외롭다고 느껴지면 라이브를 켜서 구독자분들과 소통을 했다. 이런저런 정보를 나누면서 서로 힘내자고 으쌰으쌰 하고 나면 기분이 한결 나아졌다. 그리고 구독자가 1,000명이 넘으니 구글 애드센스 수익이 들어오기 시작했다. 참! 애드센스 수익 이야기 나와서 하는 말인데, 구글 애드센스 승인이 되고 나서 그동안 버려둔(?) 블로그 애드 포스트와 쿠팡 파트너스 수익을 정말 오랜만에 확인해봤다. 당연히 수익이 0일 줄 알았는데 신기하게도 8개월이 지난 지금도 예전보다 수익은 줄어들었지만 수익이 계속 나오고 있었다.

이것이 사람들이 말하는 자동화 수익인가? 공돈을 번 것 같아 기분이 좋았다.

종이책보다 5배 비싼
전자책 부업을 시작하다

유튜브 구독자가 5,000명이 넘어가니 재밌는 이메일이 오기 시작했다. 나한테 위탁판매, 구매대행을 배우고 싶다는 내용의 이메일이었다. '나 따위가 뭘 가르쳐'라고 피식 웃으며 대수롭지 않게 넘겼다. 하지만 메일이 5통이 넘어가고 10통이 넘어가서 서 과장에게 조언을 구했다. 서 과장은 무조건 해보라고 했다.

"서 과장, 난 아직 한 달에 1,000만 원도 못 버는데 나한테 배우고 싶다는 사람들이 연락이 오네."

"오 그래? 그럼 당연히 가르쳐봐야지."

"에이… 내가 누굴 가르쳐. 나는 아직 부족하지~ 쇼핑몰로 순수익이 1,000만 원은 넘어야 누굴 가르칠 자격이 있지."

"그럼 난 자격도 없이 가르쳤네? 나는 순수익 1,000만 원이 안될 때부터 강의 시작했는데…."

"어? 아니 딱히 너를…."

"그런 자격은 누가 정하는 거지? 그런 논리면 SKY 학생들만 과외를 할 수 있겠네. 좋은 대학 들어간 사람들은 가르칠 자격이 있지만 지방에 있는 대학교 다니는 학생들은 자격이 없는 것으로 봐도 될 테니까. 제품과 서비스는 누구나 팔 수 있어. 다만, 중요한 것은 가치가 있냐 없냐인 거지. 너의 강의로 사람들이 한 달에 50만 원이라도 꾸준히 벌 수 있으면 그 강의의 가치는 50만 원 이상이라고 할 수 있지. 50만 원을 내고 배우면 1년에 600만 원은 벌 수 있는 거잖아. 그리고 또 가치가 있는지를 입증해야 사람들이 배우겠다고 오는데 너는 이미 유튜브 콘텐츠로 가치 입증을 했으니 그걸 보고 배우러 오겠다는 사람을 마다할 이유는 없지. 그리고 예전에 상세페이지 만들 때 배운 것처럼 내용이 마음에 안 들면 환불해준다고 하면 되잖아? 그럼 서로 전혀 문제없지."

"음, 듣고 보니 맞는 말 같아. 그런데 강의하고 그러면 내가 하는 판매에 집중을 못할 것 같아. 사람들을 케어해주고 관리해주려면 시간이 많이 들 테니까."

"그럼 전자책을 만들어 보는 거 어때?"

"전자책?"

"그래. 네가 지금까지 배워온 지식들을 PPT 형태로 정리해서 전자책 형태로 판매를 하는 거야. 다만 강의를 하는 것보다는 저렴하게 판매하는 게 좋겠지. 케어를 안 해줄 테니까. 회사 다니면서 PPT 만들어봤으니 충분히 만들 수 있을 거야. 또 힌트를 주자면 이미 시중에 많이 팔린 전자책들이 있거든. 그 목차를 벤치마킹해서 너만의 경험과 인사이트를 넣어서 내용을 채워봐."

나는 서 과장의 조언에 따라 99,000원짜리 구매대행, 위탁판매 전자책을 만들었고, 구독자 8,000명인 내 채널에서 홍보했다. 그 달 나는 내 생애 처음으로 132개의 전자책을 팔아서 13,068,000원을 벌었다. 이 놀랄 만한 성과를 서 과장한테 이야기했을 때 서 과장 본인은 퍼스널 브랜딩을 통해 2022년 작년에만 한 법인에서 19억의 당기순이익이 발생했다고 자랑했다.

손실회피편향을 이용하라

나는 전자책을 판 돈으로 본격적으로 광고를 시작했다. 아직 브랜딩은 시기상조라고 생각해서 잘 팔리고 있는 제품들의 물길작업을 시작했고 쇼핑몰 매출은 점점 증가했다. 전자책은 새로운 구독자가 유입되면서 첫 달만큼은 아니지만 꾸준히 팔렸고 그 돈은 내가 새로운 시도를 하는 데 큰 도움이 되었다.

쇼핑몰 매출이 점점 늘어나면서 나는 점점 유튜브를 소홀히 하게 되었다. 유튜브 최근 영상에는 '다음 영상 언제 올라와요?'라는 댓글이 달리기 시작했다. 이대로는 안 되겠다 싶어서 영상 기획 및 편집자를 뽑아야겠다는 생각을 했다.

처음에는 당연히 리스크를 줄이기 위해 크몽에서 외주 업체를 찾았다. 외주 업체를 고르고 골라서 한 편당 30만 원씩 유튜브 기획 및 편집을 도와주시는 분을 알게 되었다. 그분이 주제를 주면 나는 그 주제에 맞게 대본을 쓰고 영상을 찍어 다시 보내면 편집을 해서 보내주는 형태였다.

그런데 여기서 생각지도 못했던 문제가 생겼다. 영상 한 편당 30만 원이라는 돈이 나간다고 생각하니 예전처럼 영상을 편하게 찍을 수가 없었다. 나는 대본을 다시 쓰고 고치고 영상을 찍었다 삭제하고 다시 찍었다를 반복했다. 영상을 더 많이 올리고 싶어서 외주를 맡기는 건데 되려 더 영상을 못 올리는 상황이 벌어졌다.

나중에 책을 보고 알았는데 인간에게는 '손실회피편향'이라는 게 존재한다고 한다. 같은 금액이면 얻는 것보다 잃는 것에 더 민감하게 반응하는 게 인간이라는 것이다. 나는 '손실회피편향'이 발동되어 30만 원이라는 비용을 쓰는 것보다 더 큰 결과를 얻어내야 된다는 생각에 자꾸 영상의 완성도를 높이려고 했던 것이다.

나는 이 '손실회피편향'을 다른 방향으로 이용함으로써 영상을 훨씬 더 많이 찍을 수 있었다. 바로 건당 외주를 주는 게 아니라 월급을 주는 직원을 고용했다. 직원을 고용하니 나의 '손실회피편향'은 다르게 작동되기 시작했다. 내가 영상을 찍지 않으면 직원이 놀게 되니 돈이 아까워서라도 영상을 더 찍었고 덕분에 영상 편집이 밀려 있을 정도로 영상을 많이 찍을 수 있게 되었다.

BUY

Chapter

4

'파는 사람'이 되면
보이는 것들

SELL

사람들의 관심을
끌어내는 법

유튜브를 하고부터 내 주위에 모든 일이 유튜브 콘텐츠로 보이기 시작했다. 나는 입버릇처럼 "어? 이거 유튜브 컨텐츠인데…"라고 이야기를 하고 다녔다. 사람을 만날 때도 조금이라도 색다른 일을 하거나 재밌는 사람들을 보면 유튜브를 해보라고 권하고 다녔다. 무엇보다도 나는 유튜브를 그냥 즐기는 게 아닌 분석하기 시작했다.

'왜 이 영상은 갑자기 조회수가 떡상을 했을까? 이 사람의 썸네일은 인간의 어떤 욕구를 건드리게 만든 걸까? 나는 다음에 어떤 영상을 찍어야 할까?'

신문이나 뉴스도 다시 보이기 시작했다. 지금까지는 모르고 있었지만 기자들의 기사 제목을 짓는 실력은 정말 예술이었다. 같은 내용도 클릭할 수밖에 없게 자극적으로 만들었다.

조인성, 미모의 여자친구와 결혼… 웨딩 화보 공개

손태영 권상우 부부, 결국 이별

백지영, 남편 정석원 결국 떠났다. 어린 딸도 두고

윤계상, 급하게 결혼하더니 6개월 만에 결국…

김혜수, 전 남친 유해진과 결별 10년 만에 재결합

제목에 혹해서 클릭해 보면 실제 내용은 이랬다.

조인성은 배우 조인성이 아니라 골프선수 조인성이었다.

손태영은 코로나 확진 후 자가격리 때문에 권상우와 만나지 못했다.

백지영이 예능 방송에서 홀로 여행을 떠나는 이야기였다.

윤계상이 결혼 6개월 만에 신혼여행 가는 이야기였다.

영화 〈타짜〉 재개봉으로 서로 다시 만난다는 이야기였다.

이건 정말 진실과 거짓 그 사이 경계를 넘나들며 사람들의 관심을 끄는 신의 경지라고 볼 수 있다. 왜 기자들은 이렇게 자극적으로 제목을 지을까? 이제는 나도 잘 알고 있다. 인간은 자극적이지 않으면 클릭하지 않는다. 그럼 언론사들은 왜 이렇게 욕먹어가면서까지 제목을 지을까? 다른 이유는 없다 '돈' 때문이다. 그들이 쓴 기사에는 광고가 붙는다. 그리고 사람들이 그 기사를 클릭할 때마다 제휴마케팅 광고 수수료를 받는다. 그러니 어떻게든 클릭하게끔 해야 본인들이 살아남을 수 있다. 언론사들이 요즘 유튜브에 목숨 거는 이유도 '돈' 때문이다. 구글 애드센스 광고를 붙여주는 게 돈이 되기 때문에 유튜브로 기사를 송출한다. 그것도 흥미를 끄는 자극적인 내용 위주로. 자본주의 세상에서 살아가려면 이런 것들을 접했을 때 욕하고 끝내면 안 된다. 여기서 배운 것들을 내가 만든 콘텐츠, 내가 만든 제품에 적용할 줄 알아야 한다.

아무리 좋은 콘텐츠, 아무리 좋은 제품이라도 사람들이 들여다보지 않으면 아무 의미가 없다. 그럼 도대체 인간의 어떤 욕구들이 이런 자극적인 것에 끌리게 만드는 것일까? 책《캐시버타이징》에 인간의 8가지 욕구를 정의해놨다.

1. 생존, 사는 즐거움, 수명 연장

2. 먹고 마시는 즐거움

3. 공포와 고통과 위험으로부터의 자유

4. 성적 만족

5. 안락한 생활조건

6. 남보다 우월하고 이기고 뒤떨어지지 않게 따라가고 싶은 마음

7. 사랑하는 사람들에 대한 관심과 보호

8. 사회적 인정

저자는 콘텐츠의 제목이나 광고문구를 쓸 때 이런 욕구와 연관 지어야 사람들의 클릭을 유도하고 더 큰 돈을 벌 수 있다고 했다. 다음은 예시이다.

이전 제목	연간 매출 (달러)	새 제목	연간 매출과 영향을 미친 8가지 욕구
10시	2,000	예술의 의미	9,000(8번 욕구)
황금빛 머리칼	5,000	금발의 애인을 찾아서	50,000(4번 욕구)
논쟁술	0	합리적인 논쟁의 수단	30,000(6번 욕구)
카사노바와 그의 사랑	8,000	카사노바, 역사상 가장 위대한 연인	22,000(4번 욕구)
잠언	9,000	인생의 수수께끼에 대한 진실	20,000 (1번 욕구)

제목만 바꿨는데 매출이 올라갔다. 잘 파는 사람이 되려면 역으로 사는 사람을 공부해야 된다. 그들이 무엇에 반응하고 어떻게 행동하는지 이것에 집중했을 때 우리는 더 잘 파는 사람이 되고 돈을 벌 수 있다.

다이어트를 하고 싶다면
동업을 해라

유튜브 채널에 구독자가 점점 모이니 관련 업계 사람들의 동업 제안 메일들이 오기 시작했다. 내 채널이 쇼핑몰과 관련된 채널이다보니 대부분 쇼핑몰과 관련된 창고업, 배송대행지, 프로그램 업체 등에서 동업을 하자는 제안이 왔다. 나는 배송대행지에 관심이 많았기 때문에 그중 한 업체와 연락을 했다. 배송대행지는 중국에서한국으로 물건을 보낼 때 배송서비스를 제공하는 업체이다. 배송대행지는 중국의 위해라는 곳에 있었고 비행기로 1시간 거리밖에되지 않았다. 나는 중국으로 미팅을 하러 날아갔다. 해외직구 구매대행을 통해 돈을 벌어 배송대행지를 차렸다고 했다. 배송대행지 대표님이 배송대행지에 대한 시스템 그리고 구매대행 관련 노하우를 알려주셨다. 나는 배송대행지 대표님과 비즈니스 관련된 이야기를 하느라 시간이 어떻게 가는지 몰랐다. 이야기하다 보니 서로 동갑인 것도 알게 되었다. 한국에 돌아와서 나는 배송대행지 업체를 홍보해줬다. 그리고 대가를 받지 않았다. 대가를 받지 않으니 더욱 친밀해졌다.

배송대행지 대표님은 나에게 프로그램 관련 사업을 해보지 않겠냐고 제안했고 나는 바로 승낙했다. 배송대행지 대표님은 나에게 개발사를 소개시켜줬다. 이렇게 나, 배송대행지 대표, 개발사가 동업을 하게 되었다. 지분도 각각 1/3로 나눠 가졌다. 처음에는 굉장히 순조로웠다. 3명이서 법인을 만들고 프로그램 개발사에서는 개발을 맡았고, 나는 나의 노하우를 개발사에 전달해 프로그램을 계속해서 발전시켰다. 그렇게 1년의 시간이 흘러 프로그램이 런칭되었다. 그동안 내가 쇼핑몰에서 판매를 하면서 불편했던 점들을 개선해 프로그램에 반영시킨 결과였다.

하지만 프로그램이 너무 잘되면서 여러 사람이 이용하다 보니 이런저런 CS가 필연적으로 발생했다. 내 영향력으로 프로그램이 판매되다 보니 프로그램에 대한 불만은 개발사가 아니라 나를 향해 날아왔다. 그래도 확실하게 소비자들에게 도움이 되는 프로그램이고 다달이 매출이 증가되는 모습을 보며 이겨냈다.

동업은 보통 비즈니스가 잘 안 될 때 문제가 된다고 하던데, 나의 경우에는 오히려 비즈니스가 잘될 때 문제가 생겼다. 이 프로그램이 나오고 운영될 때까지 배송대행지 대표는 기여한 바가 거의 없었다. 개발은 개발사와 내가 했고, 운영도 내가 했다. 욕도 내가 다 먹었지만 수익은 똑같이 배분됐다. 이미 계약서를 작성한 상황이고 배송대행지 대표와의 친분 때문에 이런저런 말을 하지 못해 속이 타들어 갔다. 그런 와중에 매출은 계속 증가했다. 어떨 때는 차라리 매출이 늘지 않았으면 좋겠다는 생각도 들었다. 매출이 늘수록 CS도 늘 테니까. 하루하루 배송대행지 대표에게 이야기를 꺼낼까 말까 고민했고, 이런 상황을 뻔히 알면서 나에게 먼저 배분 얘기를 하지 않는 배송대행지 대표가 미워지기 시작했다. 스트레스가 커지면서 78kg이었던 몸무게가 72kg까지 빠졌다. 이대로는 미칠 것 같아서 서 과장에게 조언을 요청했다. 서 과장은 이런 이야기를 해줬다.

"먼저 이거부터 말할게. 이 모든 건 네 잘못이야."

아… 시작부터 서 과장에게 조언을 구한 것이 후회가 되었다. 항상 내 잘못이란다.

"네가 계약서를 신중하게 쓰지 않아서 발생한 일이니 누구를 탓할 수도 없어."

"그래. 계약서를 신중히 쓰지 못한 내 탓이기도 한데 솔직히 하는 일 없이 돈만 받아가는 건 아닌 거잖아. 돈을 투자한 것도 아니고, 개발사만 소개시켜준 것뿐인데. 지금이라도 이야기해서 내 지분을 좀 늘려야 되지 않을까?"

"네가 배송대행지 사장한테 이야기하면 너한테 수익을 더 배분해줄 수도 있겠지. 그런데 나는 그 수익 몇 퍼센트보다 더 중요한 게 있다고 생각해."

"그 수익 몇 퍼센트가 2,000~3,000만 원인데?"

"그래. 그게 몇천만 원이든 더 중요한 게 있어. 그건 바로 신뢰야. 나는 비즈니스에서 가장 중요한 것이 신뢰라고 생각해. 네가 계약서에 대해 다시 이야기하는 순간 너는 신뢰를 어긴 게 되는 거지."

"분명 사람들도 납득할 만한 이유이고 둘만 이야기하는 거니까 사람들이 신뢰를 어긴 건 모를 거야."

"사람들은 몰라도 너 자신이 알고 있고 그게 가장 무서운 거야. 한 번 신뢰를 어기기 시작하면 다음번에도 신뢰를 어기기 쉬워질 거야. 그리고 신뢰를 어기는 사람과는 아무도 비즈니스 하고 싶어 하지 않겠지."

"하루하루 미치기 일보직전인데 어떻게 할까?"

"아예 생각할 여지를 없애버려. 예전에 나랑 했던 '환경설정'을 해보는 거야. 이번에는 나랑 하는 게 아니라 구독자들과 '환경설정'을 해봐."

나는 이번에도 서 과장의 조언을 받아들였다. 유튜브에 동업하면 힘들다는 영상을 올렸다. 신뢰를 지키기 위해 나는 계약 조건을 바꾸지 않을 것이고 말을 바꿀 시 나를 아는 모든 사람에게 돈을 주겠다고 선언을 해버렸다. 사람 마음이라는 게 참 신기했다. 사람들 앞에 선언을 해버리니까 가끔 속이 쓰려도 어쩔 수 없다는 생각에 곧 그런 마음이 사라져버렸다.

그런데 이번에는 프로그램 쪽에 문제가 생겼다. 사람들이 이렇게까지 많이 들어올 것을 예상하지 못하고 서버를 기획해서 결국 서버가 폭발하고 말았다. 나는 적자가 나더라도 소비자들에게 신뢰를 지키기 위해 프로그램을 무료로 쓰도록 했지만 결국 첫 번째 프로그램 동업은 실패로 끝이 나게 되었다. 나는 이 내용도 유튜브 영상으로 만들어 올렸다. 제목은 '프로그램을 이렇게 만들어서 죄송합니다'였다. 그렇게 나의 프로그램업은 끝이 나는 줄 알았다. 하지만 다른 개발사에서 내 영상을 보고 연락을 해왔고 지금은 실패한 경험을 토대로 새로운 프로그램을 만들어 점점 매출이 증가해나가고 있다. 프로그램이 실패한 경험조차 나의 브랜딩 가치를 높이는 데 도움이 된 것이다.

참! 그 배송대행지 대표님과의 관계는 어떻게 되었냐고? 배송대행지 대표와는 친구 이상의 관계가 되었다. 영혼의 파트너로 지금도 굉장히 잘 지내고 있다.

공인중개사 말고
공동구매 중개사?

유튜브 구독자가 1만 명이 넘게 모이면서 광고 제안 메일이 오기 시작했다. 식기세척기 비교 콘텐츠 제안 메일, MCN 섭외 메일, 온라인 강의 플랫폼들에서 강의 요청 메일, 건강식품 PPL 메일 등 갖가지 광고 제안들이었다. 나는 그중에서 눈에 띄는 메일이 하나 있었다.

'공동구매 중개만으로 한 달에 1천만 원 벌게 해드리겠습니다.'

유튜브에서 공동구매로 돈 번다는 콘텐츠를 본 적이 있어서 신기한 마음에 답장 메일을 보내 해당 업체와 미팅을 가졌다. 공동구매가 어떻게 해서 돈이 되는지 그 방식이 너무 궁금했다. 나는 그들이 설명하는 방법을 들으며 말문이 막혔다.

'세상에 이렇게 해서 물건을 파는구나…'

공동구매는 많은 사람이 아는 것처럼 일정 기간 할인된 가격으로 제품을 판매하는 방법이다. 그런데 그 공동구매 제품들의 마진이 놀라웠다. 50만 원 브랜드 청소기를 판매하면 공동구매 기간에는 20만 원 할인해서 30만 원에 판매한다. 물품의 공급 원가는 12만 원이었다. 제품 한 개 판매 시 18만 원이라는 마진이 나온다. 그 마진을 인플루언서가 50%, 중개를 주선하는 업체가 50%씩 가져가는 구조였다. 제조업체도 마진을 가져가야 하니 실제 원가는 10만 원도 안 되는 것이었다. 그런데 소비자가 바보가 아닌데 12만 원짜리를 30만 원에 살까? 속을 알고 보니 그렇게 살 수밖에 없게 업체에서 판을 다 짰났다.

소비자는 어디에 검색해도 그 브랜드 청소기의 가격을 50만 원 밑으로는 찾을 수가 없다. 업체 측에서 미리 블로그나 인스타, 오픈마켓들에 소비자가격 50만 원으로 제품을 깔아놓은 것이다. 그 말은 유튜브를 보고 '이거 얼마지?' 하고 인터넷에 찾아보면 모두 50만 원이란 소리다. 내가 좋아하는 유튜버가 소개해주니 믿을 만하고 20만 원 할인되니 사람들이 구매를 한다는 것이다.

나도 유튜브 채널을 통해 청소기, 가습기, 업무용 의자를 공동구매하기로 했다. 공동구매 업체에서 제공하는 제품이 나의 구독자들과 접점이 별로 없었지만, 그래도 경험 삼아 공동구매를 진행하기로 했다. 그리고 또 한 가지 알게 된 점은 내가 공동구매를 진행하는 기간에 다른 인플루언서들은 같은 제품으로는 공동구매를 진행할 수 없다는 것이다. 나름 상도덕은 지키고 있었다.

　일주일 동안 공동구매 결과 할인해서 30만 원짜리 청소기 2개, 27만 원짜리 가습기 1개, 22만 원짜리 업무용 의자 12개가 팔렸다. 순수익은 다해서 약 80만 원 정도 나왔다. 조금 실망스러웠지만 나의 구독자는 돈 버는 것을 배우러 모인 사람들이지 무언가를 사러 모인 사람들이 아니었기 때문에 가능성을 봤다는 것만으로 만족했다.

돈도 인맥도 없는
내가 이길 수 있는 방법

나는 공동구매의 매력에 흠뻑 빠져버렸다. 비록 내가 진행한 공동구매의 성과는 크지 않았지만, 중개만 해도 돈을 버는 구조가 마음에 들었다. 그리고 공동구매를 진행하면서 공동구매를 할 만한 물건을 공급받는 '폐쇄몰'이란 것도 알게 되었다. '폐쇄몰'이란 일종의 도매업체이다. 하지만 말 그대로 폐쇄되어 있어 아무한테나 물건을 공급해주지 않는다. 그리고 폐쇄몰에 있는 제품은 소비자가 쉽게 볼 수 있는 쿠팡이나 11번가, 지마켓, 옥션 같은 곳에서 판매하지 못하도록 제약이 있다. 나는 몇 군데 폐쇄몰 업체에 컨택했고 인플루언서라는 장점으로 한 곳과 거래를 할 수 있었다.

이제는 다른 인플루언서에게 내가 받은 메일처럼 공동구매 메일을 보내는 일을 하면 되었다. 감사하게도 폐쇄몰 업체에서 공동구매 제안 이메일 양식을 보내주었다. 내가 메일을 보낼 시간은 없어서 셋째 처제에게 아르바이트 시급을 주며 메일을 보내도록 시켰다. 캠핑 인플루언서, 인테리어 인플루언서, 주방가전 리뷰 인플루언서 등등 유튜브에 비즈니스 이메일 계정이 있으면 모두 메일을 보냈다. 약 50군데에 이메일을 보냈다. 연락이 온 곳은 한 곳도 없었다. 뭐가 문제였을까? 제목도 자극적으로 작성했고 폐쇄몰에서 받은 레퍼런스를 넣어 설득력 있게 작성했는데 연락이 단 한 건도 없었다.

나는 상대방 입장에서 생각했다. 내가 인플루언서라면 공동구매를 안 할 이유가 뭐가 있을까? 첫 번째는 제품에 대한 '신뢰' 문제가 있을 것이다. 내 구독자들에게 품질이 별로인 제품을 팔면 내 채널에 악영향을 줄 테니 그것은 굉장히 경계해야 되는 일이다. 두 번째는 사기가 아닐까 하는 생각이다. 나는 여차하면 발을 뺄 생각으로 메일을 클릭했지만 대부분 공동구매를 모르는 사람들은 스팸일지도 모른다는 생각에 클릭하지 않을 수도 있을 것 같다는 생각이 들었다.

문제를 파악했으니 이제 해결할 차례다. 먼저 나는 제품에 대한 신뢰를 주기 위해 제품을 무료로 써볼 수 있다는 내용을 추가했다. 고맙게도 폐쇄몰에서 제품값을 내면 인플루언서한테 택배로 보내줄 수 있다고 했다. 두 번째는 제목에 내 유튜브 채널을 소개했다.

"안녕하세요. 1만 구독자 부자남 채널을 운영 중인 김 차장입니다."

그렇게 300명의 인플루언서들에게 이메일을 보냈다. 8명의 인플루언서한테서 답장이 왔고 3명과 공동구매를 진행했다. 3명 중에는 30만 구독자를 가진 인플루언서도 있었는데 유튜버가 소개한 추석 선물용 건강기능 식품이 터져서 일주일 만에 4,000만 원 매출이 일어났다.

모든 영업이 그렇지만 공동구매도 제안의 횟수가 가장 중요한 것 같다.

전 직장에서 강의를 하다

정말 오랜만에 옛 친했던 직장 상사에게서 연락이 왔다. 나는 자랑스럽게 내가 하고 있는 일들을 주절주절 이야기했다. 마케팅 부서에 계시던 이사님이셨는데 내가 하는 이야기를 계속 들어보시고는 회사에서 마케팅 강의를 한번 해달라고 하셨다. 나는 그냥 마케팅팀 미팅할 때 '내가 배운 몇 가지를 이야기해달라고 하시는구나'라는 생각에 알겠다고 수락했다. 그런데 막상 가보니 나를 데려간 곳은 조그만 미팅 룸이 아닌 대회의실이었다. 그곳에는 전무님, 이사님 그리고 예전에 나와 근무했던 직원들이 모두 앉아 있었다. 그리고 맨 앞자리에는 사장님이 앉아 계셨다. 그렇다. 나는 전 직원 앞에서 마케팅 강의를 하게 된 것이다.

'이거 드라마에서나 나오는 일 아닌가?'

뭔가 뿌듯하면서 말로는 표현할 수 없는 느낌이었다. 나는 그동안 실전에서 갈고닦은 마켓별 상위노출 방법 그리고 어떻게 블로그를 해야 하는지, 유튜브를 통한 퍼스널 브랜딩의 중요성 그리고 제품의 가치를 높이는 방법들을 알려줬다. 다들 처음 듣는 정보들에 눈이 휘둥그레졌다. 대기업이면 몰라도 중소기업에서는 직무 교육이 거의 없다. 마케팅팀은 회사 블로그를 운영하지만 블로그 상위노출 방법을 모른다. 가르쳐주는 사람도 없고 어디서 어떻게 배워야 되는지도 모른다.

온라인 판매팀도 어떻게 하면 제품의 설득력을 높이는 상세페이지를 만드는지, 아니 그전에 왜 상세페이지를 설득력 있게 만들어야 하는지 모른다. 그냥 제품 사진을 잘 찍어서 올릴 뿐이다. 강의가 끝나고 옛 동료들과 인사를 나눴다. 한 회사의 대표가 된 나와 예전 동료들의 시간은 동일하게 흘렀지만 그 시간의 농도가 달랐다. 나는 옛 동료들을 뒤로한 채 전무님, 사장님과 점심 식사를 하러 갔다. 식사 중 전무님은 나의 월수입을 듣더니 깜짝 놀라셨다. 사장님은 강의가 좋았는지 거래처들을 불러서 다시 한번 강의를 해줄 수 없냐고 하셨고 나는 그때 맨입으로는 안 된다고 농담을 했다. 며칠이 지나고 사장님은 정말 전국의 거래처들을 소집했고 나에게 강의비까지 주면서 강의를 부탁하셨다.

이번에는 나와 거래했던 사장님들 앞에서 마케팅 강의를 하게 되었다. 나를 알아보는 사장님들이 인사를 건네왔다. 나는 인사를 건네는 한 사람을 보고 인생은 정말 한 치 앞도 모른다는 이야기가 떠올랐다. 서 과장이 싫어했던 왕 과장이 회사를 퇴사하고 자전거 매장을 차려 그 자리에 강의를 들으러 온 것이었다. 강의를 마치고 돌아오는 길에 서 과장에게 이 소식을 전했다.

"서 과장, 내가 오늘 우리가 다녔던 회사에서 강의를 했는데 거기 왕 과장이 있더라. 퇴사하고 자전거 매장 차렸나 봐."

"헐… 대박. 그래? 잘 좀 도와줘라."

"응? 너 왕 과장 싫어하던 거 아니었어?"

"예전엔 정말 싫어했는데 지금은 고맙기도 해. 내가 회사를 그만두는 데 왕 과장이 큰 기여해줬으니까."

왕 과장은 회사에서는 잘렸지만 자전거 판매를 통해 지금은 한 달에 천만 원은 넘게 번다고 한다. 회사생활을 잘해야 나가서도 성공한다던데 예외는 있나 보다.

와이프의
비공개 인스타그램

'왜 저걸 팔아서 돈 벌 생각을 안 하지?'

요즘 와이프를 보면 이런 생각이 많이 든다. 서 과장은 이런 신호가 '잘 파는 뇌'로 바뀌고 있다는 증거라고 했다. 와이프는 인스타그램을 하는 것을 좋아한다. 주말에 신상 카페에 가서 사진을 찍어 인스타에 올린다. 사진도 굉장히 잘 찍는다. 그리고 인테리어에 관심이 많아 이 카페는 어떤 브랜드 조명을 쓰고 어떤 방식의 인테리어를 했는지 척척 맞춘다. 그런데 문제는 인스타를 비공개로 해놓는 것이다.

이전에는 별 생각 없이 넘겼지만 지금은 그 시간과 콘텐츠가 너무 아까웠다. 나는 와이프를 설득했다. 지금 하는 것들을 공개만 해봐도 돈을 벌 수 있을 것 같다고 했다. 그렇게 해서 돈이 벌리면 꿈에 그리던 에르메스 가방을 사주겠다고 설득했다. 와이프는 에르메스 미끼에 넘어갔다. 카페에 가서 찍은 사진과 콘텐츠를 인스타그램에 공개로 업로드했고 그 밑에 어떤 브랜드의 제품으로 인테리어를 했는지 설명을 올렸다.

나는 능동적으로 관심사가 같은 인스타그램 채널에 가서 먼저 팔로우를 신청하라고 했지만, 그것까지는 하지 않았다. 그럼에도 시간이 지나자 팔로워가 점점 늘어나기 시작했다. 100… 300… 1000… 2000… 팔로워가 느는 게 보이자 와이프도 신이 나서 카페를 더 찾아 나섰다. 어느 날은 카페 2차를 뛰었다. 주변에 있는 카페를 섭렵하고 점점 거리를 넓혀나갔다.

나의 목표는 이렇게 사람을 모아 인테리어 제품을 공동구매로 파는 것이었다. 그런데 생각지도 않게 인스타 DM을 통해 새로 오픈하는 카페 사진을 올려달라는 체험단 요청이 들어왔다. 체험단 단가는 10만 원이었다. 팔로워 5,000명일 때 받은 첫 광고 제안이었다. 와이프는 신나서 호들갑을 떨었지만 나는 30만 원 밑으로는 안 한다고 메일을 보내라고 했다. 나는 이제 5,000명의 가치가 얼마나 큰 것인지 잘 알고 있기 때문이다. 안 해도 그만이라고 쿨하게 보냈는데 그게 먹혔는지 30만 원을 주겠다고 했다.

이제는 공동구매를 진행할 때가 됐다고 생각해서 폐쇄몰에 올라온 조명 공동구매를 인스타를 통해 진행했다. A로 시작하는 브랜드에 버섯처럼 생긴 20만 원 중반대 조명이었다. 인스타에 조명 제품 사진을 멋들어지게 찍어서 공동구매를 한다고 올렸다. 기간은 5일로 한정 지었다. 공동구매를 신청한 사람은 2명. 결과는 만족스럽지 않았다. 내가 모은 사람들의 니즈와 판매하는 제품의 니즈가 맞지 않았나 보다. 차라리 내가 키우는 것보다 인스타그램 인플루언서들에게 공동구매 제안 메일을 보내는 게 낫겠다는 생각이 들었다. 물론 내가 나중에 카페를 차리면 요긴하게 써먹을 수 있을 것 같긴 했다.

공동구매가 실패됐든 어쨌든 와이프는 신상 카페를 돈 받고 다니면서 신나게 콘텐츠를 올리는 재미에 푹 빠져 산다.

프리랜서 직원의 배신

'아프니까 사장이다'라는 커뮤니티 카페가 있다. 이곳은 자영업자들이 모여서 이런저런 정보를 나누고 서로의 고충을 나누는 공간이다. 이 공간에서 가장 많이 나오는 이슈는 바로 직원 문제이다. 직원이 손님과 싸워 코뼈가 부러졌다는 내용, 아르바이트생을 뽑았는데 화장실 간다며 아예 그길로 나가 버렸다는 이야기, 대놓고 사장한테 레시피와 직원명단을 가지고 나가서 새로 차리겠다고 협박하는 직원까지 정말 상상하기 어려울 에피소드들이 나오는 곳이다.

나는 직원이 많지 않기 때문에 이런 일이 없을 줄 알았는데 나에게도 어처구니없는 일이 벌어졌다. 나는 대부분의 일을 외주로 맡기고 주문처리 정도만 내 지인 동생에게 맡겨왔다. 내가 부업을 시작할 때부터 맡겼으니 꽤 오랫동안 일한 동생이다. 주문이 적을 때는 프리랜서 비용으로 한 달에 50만 원 정도를 지불했다. 그러다 점점 매출액이 커져 주문처리 양이 많아졌을 때는 한 달에 프리랜서 비용을 200만 원 넘게 줄 때도 있었다. 동생에게 보수를 줄 때는 원천징수 3.3%를 떼고 지급했다. 캠핑용품이 주력이었기 때문에 5월이 성수기였고 마침 그때 유튜버에게 협찬해준 제품 리뷰 영상이 소위 말하는 떡상이 되면서 주문처리 양이 많아졌다. 그달에는 지인 동생이 밤까지 야근하는 일이 많아 보수를 두 배로 쳐서 프리랜서 비용 200만 원에 야근 수당 200만 원을 더해서 총 400만 원을 주었다. 조금 많은 것 같았지만 그동안 같이해준 세월이 고마워 기분 좋은 마음으로 보내줬다.

5월 피크타임이 끝나고 6월 중순쯤 지인 동생은 잠깐 할 말이 있다고 나를 불렀다. 느낌이 쎄했다. 보통 그냥 카톡이나 전화로 하면 되는데 만나자고 하는 것은 급여를 올려달라는 이야기 아니면 그만둔다는 이야기 둘 중에 하나였다. 아니나 다를까 이번 만남의 목적은 후자였다. 내 옆에서 같이 일을 해보니 본인도 할 수 있겠다는 생각이 들어 쇼핑몰에 도전해보고 싶다는 것이다. 나는 가슴이 쓰렸지만 흔쾌히 알았다고 했다. 그리고 앞으로 모르는 게 있으면 도와줄 것이라고 이야기했다. 그런데 지인 동생이 대뜸 퇴직금을 받아야 된다는 이야기를 했다. 자기가 알아보니 프리랜서라도 꾸준히 월급처럼 급여를 받았으면 퇴직금을 줘야 한다는 법 조항이 있다는 것이다. 그게 사실이면 지인 동생이 1년 7개월을 일했으니 퇴직금으로 한 달치 월급을 더 줘야 했다. 머릿속에 이런저런 생각들이 들었지만 일단 알겠다고 했다. 그리고 뒤끝 없이 한 달 치를 급여를 더 입금해주었다. 지인 동생은 충분히 열심히 일했고 그에 대한 보상이라고 생각했다.

그런데 그다음 날 지인 동생은 아침 일찍 내 공유오피스 사무실에 출근해서 나를 기다리고 있었다. 그러면서 하는 말이 자기 지인 중에 노무사가 있는데 퇴직금이 월급 한 달 치가 아니라 더 된다는 것이다. 본인이 5월에 야근 수당을 받은 것까지 급여로 쳐서 퇴직금을 받아야 한다고 했다. 피가 거꾸로 솟는 것 같았고 목소리까지 떨리기 시작했다. 나는 애써 진정하며 직원한테 이야기했다.

"100만 원 너한테 더 주나 안 주나 큰 차이는 없다. 그런데 나는 네가 나간 뒤에도 힘든 일이 있으면 도와주려고 했는데 지금 100만 원 때문에 나한테 이러는 건 너한테 큰 손해다."

나는 그 이야기를 끝으로 자리를 박차고 나왔다. 그리고 거래하고 있는 세무사에게 바로 전화했다. 세무사의 말을 들어보니 지인 동생이 하는 말들이 맞았다. 퇴직금은 퇴사 직전 3개월 치 급여를 합산해서 평균을 낸 금액에 연수를 곱해서 지급하는 것이라고 했다. 내가 고마운 마음에 더 줬던 야근 수당 때문에 퇴직금이 올라간 것이다. 너무 화가 났다. 이걸 노렸나 싶어서 괘씸하고 별생각이 다 났다. 역시 검은 머리 짐승은 거두는 게 아니라던데 너무 화가 났다. 앞으로 들어오는 직원한테는 정말 얄짤 없다고 다짐에 또 다짐을 했다. 나는 혹시 서 과장이라면 이런 쪽에 아이디어가 있을지 몰라서 서 과장에게 면담 신청을 했고 지금 있었던 일을 다 들려줬다.

"다 네 잘못이야. 너가 정직원을 채용하면 부담되니까 4대 보험 없이 프리랜서로 운영한 거잖아. 너의 이익을 위해서… 그러니 이런 일이 벌어진 건 다 니 잘못이지."

"뭐? 미쳤냐?"

"회사에서 일어나는 모든 일은 대표 잘못이 아닌 것 같아도 대표 잘못이야. 김승호 회장님의 《사장학개론》에 보면 이런 내용이 나와. 어떤 안 좋은 일이 벌어졌을 때 모두 내 잘못이라고 생각하는 순간, 개선할 방법이 나온다고. 직원 탓, 사람 탓하는 순간 이 문제를 개선할 수 없게 돼. 앞으로 이런 일이 다시 벌어지지 않게 하려면 너의 잘못이라고 인정해야 돼."

"…."

"그래서 퇴직금을 얼마 정도 줘야 되는데?"

"원래는 200만 원 정도 줄 생각이었는데 300만 원 정도 더 줘야 돼."

"그럼 100만 원 더해서 400만 원 주고 끝내."

"뭐라고? 아까부터 무슨 말이 안 되는 소릴 하고 있어!"

"너가 아까 나한테 그랬지? 앞으로 들어오는 직원들한테는 얄짤 없을 거라고. 그런 마음을 먹고 있는 사장 밑에서 누가 일하고 싶을까? 돈은 사람한테서 나오고 사람이 돈도 벌어주는 거야. 그릇이 작은 사람한테는 좋은 사람이 모이질 않아. 이 기회에 그릇을 키운다고 생각하고 아예 더 줘버려. 그렇게 그릇을 키우면 그릇의 크기만큼 더 큰돈이 들어올 거야."

"와, 그럼 나보고 개호구가 되라는 소리야?"

"응. 김호구 좋네. 나라면 짠돌이 사장 밑에서 일하는 것보다 호구 사장 밑에서 일하고 싶을 것 같아."

정말 신기한 일은 서 과장의 말대로 400만 원을 주고 나서 벌어졌다. 100만 원을 더 준다고 하니 지인 동생이 그건 받을 수 없다며 거절을 했다. 의외의 반응이었다. 돈을 더 준다면 넙죽 받을 줄 알았는데 그게 아니었다. 그런 모습을 보니 한결 마음이 풀렸다. 나는 두말하지 않고 달라는 금액에 100만 원을 더 계좌이체로 입금해줬다. 그리고 카톡으로 이야기했다. 앞으로 힘든 일 있으면 연락하라고. 카톡 문자를 쓰는데 내 눈가가 촉촉해짐을 느꼈다.

월 순익 3,000만 원
도전 vs 만족

블로그로 시작해서 위탁판매, 해외 구매대행, 유튜브 퍼스널 브랜딩을 한 지 2년째 나의 수익은 월 3,000만 원이 넘었다. 한 달에 3,000만 원이 벌려도 용돈이 30만 원이던 때와 씀씀이는 크게 달라지지 않았다. 하지만 달라진 게 두 가지가 있다. 한 가지는 차에 기름을 넣을 때 최저가 주유소를 찾지 않는다. 예전에 기름이 떨어지면 거리가 조금 멀더라도 최저가 주유소를 찾아 주유를 했다. 하지만 지금은 그 시간이 더 아깝다는 생각이 들어 더 비싸더라도 근처에서 주유를 한다.

다른 한 가지는 초밥에 관련된 이야기다. 나는 초밥을 좋아한다. 그리고 정말 축하할 일이 있으면 회전 초밥집에 방문한다. 중소기업을 다닐 때는 회전 초밥집에 방문해도 마음 놓고 먹은 적이 한 번도 없다. 항상 접시 가격이 얼마인지를 보고 접시 수를 세어보고 2만 원이 넘는다 싶으면 더 이상 먹지 않았다. 그런데 월 3,000만 원을 벌고부터는 접시 수를 세긴 하지만 한도가 35,000원으로 늘었다.

월 300만 원 벌던 내가 월 3,000만 원을 벌게 되니 '이 정도 벌면 되지 않았나?'라는 자기 안주가 시작됐다. 여기서 사업을 더 키우려면 제품 브랜딩이나 그다음 단계로 확장을 해야 하는데 그때는 또 투자가 필요하고 그 리스크를 감당해야 한다. 그런데 굳이 그 리스크를 감당해야 할까? 그냥 이대로 크게 무리하지 않고 살아가면 되지 않을까? 하는 생각들이 들었다. 더 큰 부자들은 무엇 때문에 멈추지 않고 도전하며 일하는 거지? 서 과장도 이런 시기를 겪었을 텐데 왜 더 많은 직원을 뽑고 시스템을 만들어서 더 많은 돈을 벌려고 하지? 이제 나의 질문은 먹고사는 문제를 떠나 조금 더 고차원적으로 바뀌기 시작했다. 서 과장은 나의 이런 고차원적인 질문에 이렇게 답했다.

"나의 목표는 경제적 자유야. 아무것도 안 해도 2,000만 원을 버는 게 내 목표야. 그리고 그 목표를 45살까지 이루고 싶어. 아무것도 안 해도 2,000만 원을 버는 방법은 생각보다 많지 않더라고. 결국 주식, 부동산이야. 주식 배당주로 한 달에 2,000만 원씩 안

정적으로 나오려면 현찰 50억 정도 있어야 하고 부동산으로 매달 2,000만 원 수익이 나오려면 120억에서 150억짜리 건물이 있어야 되더라고. 부동산은 대출이 나오니 그래도 현찰로 30~40억은 벌어야 하지. 그런데 3,000만 원 번다고 했을 때 매달 1년 전액 모은다고 해도 3억 6,000만 원이고 10년을 모으면 36억인데 세금 떼면 20억 중반 정도 되더라. 이걸로는 내가 원하는 시기에 경제적 자유를 이루기엔 불가능하기 때문에 한 달에 더 큰 돈을 벌어야겠다는 마음이 들더라고."

"경제적 자유를 누리고 나서는 뭐 할 건데? 그냥 지금처럼 일하면서 살아도 되잖아."

"오두환 대표님의 《오케팅》이라는 책에 대의라는 말이 나와. 크게 성공한 사람들에게는 대의가 있다는 거지. 세상에 뭔가 더 이로움을 끼치고 싶다는 대의. 나는 땡스 기부라는 기부단체에 이사로 있어. 어려운 아이들에게 도서관을 지어주고 여행도 보내주지. 거기에서 일하면서 알게 된 사실이 있는데, 부모 없이 보육원에서 길러진 아이들은 성인이 될 때면 500만 원 받고 보육원에서 나가게 된대. 그럼 그 아이들은 자연스럽게 보육원에서 같이 컸던 형, 누나들에게 연락을 하게 되지. 그런데 형, 누나들도 돈 버는 방법을 모르기 때문에 편의점 알바를 하거나 대부분 안 좋은 쪽으로 빠진다고 하더라고. 그래서 형, 누나들이 동생들의 500만 원을 가지고 다시 형, 누나가 하는 일을 따라서 같이 하게 된다는 거야. 그래서 내가 그 아이들에게 무료로 돈 버는 방법을 알려주는 모임을 만들려고 이리저리 돌아다녔는데 내가 유명하지 않아서인지 본인 살기 바쁘다고 관심을 가지지 않더라고. 그때 나는 이미 어느 정도 성장한 아이들이 아니라 중학교 때부터 아이들에게 돈 버는 방법을 가르쳐야겠다고 마음먹었어. 그래서 지금 교육할 수 있는 공간을 만들었어. 내 계획은 이래. 중학교 때부터 온라인 판매, 광고, 재테크를 알려줄 거야. 온라인 광고에 대해서 배우면 그 지역 오프라인 자영업자들의 광고를 도와줄 수 있고 그들의 물건을 온라인으로 팔아 줄 수도 있지. 그럼 지역 경제도 활성화될 수 있고 그 과정에서 아이들은 광고와 온라인 판매에 대해 전문가가 되어가겠지. 그리고 연이 닿은 업체들이 있으면 아이들을 파견 보내 줄 거야. 커피를 배우고 싶으면 커피가게에 보내줘서 일을 배우게 하고, 빵을 만들고 싶으면 빵가게에 보내줘서 아이들이 빵 만드는 법을 배우고 또 그것을 잘 파는 방법을 알려줄 거야. 이렇게 3년에서 5년 시간이 지나다 보면 아이들은 판매 전문가, 광고 전문가가 되어 있을 테고 그때는 쫓겨나는 것이 아니라 팀을 꾸려서 먼저 사무실을 얻어 나갈 수도 있을 거야. 그렇게 선례가 생기면 전국에 이런 교육 시스템이 하나씩 늘어나겠지. 나는 이 이야기를 할 때마다 가슴이 울컥하고 눈물이 나! 정말 가슴이 뛰고 가슴 벅찬 일을 찾은 거지."

"그런데 그 일은 꼭 경제적 자유를 이루지 않고 한 달에 2,000

만 원이 나오지 않더라도 할 수 있잖아?"

"물론 지금도 내가 할 수 있는 선에서 노력을 할 거야. 그리고 한 달에 2,000만 원이 필요한 이유는 나는 우리 가정만 책임지는 것이 아니라 몸이 안 좋으신 장인어른, 우리 아버지를 책임져야 하기 때문에 한 달에 더 많은 생활비가 필요해. 나는 예수나 부처 같은 성인이 아니라서 남을 도와주더라도 내 가족들을 먼저 챙기고 남을 도와야 한다고 생각하거든."

나도 다른 방향이지만 그런 삶을 꿈꿨던 적이 있었다. 아무것도 안 하고 여행만 하며 사는 삶. 직장 다닐 때 꿈만 꿨지 감히 목표로도 잡을 수 없던 나에게 경제적 자유란 신기루 같은 것이었다. 하지만 지금은 조금 생각이 달라졌다. 내가 더 잘 파는 사람이 된다면 가능할 수도 있겠다. 더 잘 파는 사람이 되기 위한 방법은 명확하다. 나에게 투자해서 지식을 늘리고 사람들이 좋아할 만한 제품과 서비스를 많이 팔면 이루어질 수 있다. 물론 지금보다 큰 돈을 벌려면 더 큰 시장에 뛰어들어야 되고 그만큼 경쟁자는 강력해질 것이다. 하지만 어쩔 수 없다. 경제적 자유가 목표라면 그 돈이 되는 시장에 뛰어들어야 한다.

 서 과장이 만든 교육 공간 보러 가기

세금 폭탄이 이런 것이구나…

부자들에게 세금을 많이 매기는 것은 너무나 당연하다고 생각했던 내가 1년에 2억 정도를 벌고 세금으로 4,870만 원을 내보니 법 개정이 시급했다. 거기다 건강보험료까지 오르니 돈 벌 의욕이 눈 녹듯 사라졌다. 온라인 사업이 오프라인 창업보다 월세나 인건비 등 비용이 많이 들지 않는다는 장점이 있는데 이 장점이 세금 산정할 때는 비용처리할 것들이 없어 단점으로 변했다.

나는 절세를 위해 인터넷에 정보들을 찾아보기 시작했다. 절세를 위한 방법은 여러 가지가 있었다. 그중에 나름 손쉽게 할 수 있는 방법이 있었다. 첫 번째는, 청년창업 세액감면. 만 15~34세 이

하 대표가 창업하는 경우 5년간 소득세 및 법인세를 50% 감면받을 수 있었다. 나는 이제 37살로 당연히 혜택을 못 받는 나이였다. 그런데 34살까지라도 남자는 군대에 간 것을 인정해줘서 36살까지 청년창업 세액감면을 받을 수 있다는 것이다. 두 번째는, 비과밀억제권역에 사업자를 내는 것이다. 정부에서는 수도권에 사업자가 집중되는 것을 방지하기 위해 과밀억제권역 외에 사업자를 내면 중소기업은 최대 5년간 법인세를 감면받을 수 있었다. 무엇보다 청년이면서 비과밀억제권역에 사업자를 내면 5년 동안 소득세를 100% 감면받을 수 있다.

시작부터 이런 혜택들이 있는 것을 알아보지 못한 나 자신이 너무나 후회스러웠다. 왜 나는 이렇게 미련한 것일까. 이걸 미리 알았더라면 세금으로 몇천만 원 아낄 수 있었을 텐데…. 나는 이제라도 늦기 전에 세무사에게 상담을 받아봐야겠다고 마음먹었다.

내가 만난 이승택 세무사님은 나에게 또 다른 절세방법으로 법인 설립에 대해 이야기해주셨다. 법인세율은 개인 종합소득세율보다 훨씬 낮고 나중에 대출이 필요할 때 법인의 재무제표만 안정적이라면 개인보다 대출도 많이 받을 수 있다고 했다. 그리고 법인을 잘 활용하면 나중에 상속세나 증여세의 부담을 줄이며 상속이 가능하다고 알려주었다. 마지막으로 법인을 활용해 많은 사업자들이 건물이나 수익형 부동산 투자를 하고 그것으로 레버리지를 일으켜 크게 자산을 모을 수 있다고 했다.

　나는 막연히 세금을 덜 내는 것만 생각했는데 더 중요한 것은 세금을 낼 돈을 아껴서 어떻게 돈을 굴리느냐였다. 《사장학개론》의 김승호 회장님이 돈을 버는 능력과 돈을 불리는 능력은 별개라고 했는데 돈을 어떻게 불려야 하는지도 공부해야 될 필요성을 느꼈다.

배움에 관하여

배움에는 끝이 없다는데 판매에는 끝이 있을까? 요즘 시중에 나오는 쇼핑몰 판매 강의들이 어그로를 끄는 단어들을 보면 판매에 끝이 있는 것 같다. 죄다 판매의 끝판왕이고 판매의 신이니까 말이다. 판매의 끝을 찍어보려면 어떻게 해야 될까? 정말로 핵심가치가 뛰어난 제품을 만들든가 아니면 잘 파는 사람들을 벤치마킹하고 잘 파는 방법을 배우는 것뿐이다.

나도 돈을 어느 정도 벌고 나서부터는 유명하다는 강의란 강의는 다 들었다. 서 과장에게 추천받은 강의는 물론 내가 따로 강의를 찾아보고 들었다. 연 매출 100억 하는 사람들 1,000억 하는 사람들은 도대체 무슨 비법이 있는 걸까? 강의를 들으면 들을수록 깨달은 것이 한 가지가 있다. 이것을 깨달았다는 이유 하나만으로 수강료가 아깝지 않았다. 그 깨달음은 바로 100억 하는 사람도 1,000억 하는 사람도 어떤 특별한 판매 비법은 없다는 것이다. 많은 사람들이 어떤 특별한 비법이 있어서 매출이 높다고 생각한다. 그래서 그 비법만을 찾아다닌다.

이런 사람들과는 다르게 '판매에 미친 사람들의 모임'이라는 카페가 있다. 그 카페의 주인장과 네임드라고 불리는 사람들과 같이 스터디를 한 적이 있었다. 그 모임은 20~30대 청년들이 주를 이루는데 연 매출 40억 하는 친구 100억 하는 친구들도 속해 있다. 서 과장의 도움으로 같이 스터디를 한 적이 있는데 결국 큰 매출을 내는 방법은 규모가 큰 시장 카테고리(패션/미용, 건강기능식품)에서 가치 있는 제품을 더 가치가 있는 것처럼 보이게 해서 파는 것이다.

거기 있는 친구들도 프로 수강러들이 많았다. 서로 강의를 듣고 실행해본 경험들의 결과를 한 달에 한 번이나 두 번씩 모여서 나눈다. 나는 거기 있는 약 16명의 친구들한테 물어봤다. 혹시 이번 연도는 작년보다 경기가 안 좋아졌는데 매출이 좀 떨어지지 않았냐고? 놀랍게도 한 명도 매출이 떨어진 사람이 없다고 했다. 16명 전원 작년보다 매출이 성장했다는 것이다. 서로에게 배우고 동기부여를 하니 이런 결과가 나온 것이다.

세상에는 이렇게 판매에 미친 사람들이 많다. 이 사람들은 점점 더 많은 돈을 벌 것이다. 매일 어떻게 하면 더 잘 팔 수 있을까를 고민하는 사람들인데 이 사람들이 돈을 벌지 못하면 대체 돈을 누가 번단 말인가.

판매하다 깨달은
제품 브랜딩의 실마리

캠핑 제품들을 소싱해서 팔다가 '수류탄 펌프'라는 것을 팔게 되었다. 수류탄 모양의 에어펌프로 에어텐트, 에어매트, 자충매트 등 공기를 넣어주는 펌프다. 도매몰에서 소싱해서 수류탄 펌프를 팔고 있는데 쇼핑몰 Q&A를 통해 다른 색상 제품은 없냐는 문의가 들어왔다. 나는 도매상한테 다른 색상이 있는지 물어봤고 다른 색상의 수류탄 펌프는 없다는 답변을 받았다. 소비자도 별말 없이 검은색 수류탄 펌프를 구매했다. 그런데 그 이후로도 같은 문의를 하는 소비자들이 계속 생겨났다.

소비자가 원하는데 아직 시장에 없는 것? 바로 검은색이 아닌 다른 색상의 수류탄 펌프였다. 그럼 어떤 색상이 좋을지 시장조사를 해봤다. 캠핑시장에서 색상 트렌드는 샌드(모래)색이 인기였다. 나는 샌드 색상의 수류탄 펌프를 만들어 나만의 브랜드 상표를 붙여서 팔아야겠다고 생각했다. 먼저 유튜브에서 상표권 등록 영상을 찾아서 'HON CAMPING'이라는 상표를 등록했다. 아직 혼자 하는 캠핑 쇼핑몰에 미련을 버리지 못했다. 상표를 등록하고 중국 알리바바 사이트에서 수류탄 펌프 업체를 몇 개 찾아 대화를 시도했다. 중국어는 못하지만, 영어는 어느 정도 할 수 있었고, 대부분 파파고로 번역하면서 대화를 했다.

알리바바 판매자는 색상을 바꾸고 상표를 인쇄하고 싶으면 최소수량은 500개를 주문하라고 했다. 나는 서 과장에게 도움을 청했다. 서 과장의 조언에 따라 그 판매자에게 서 과장 유튜브 채널을 보여주며 '나는 소매업자를 10만 명 가지고 있다. 내가 잘 팔아주면 너는 돈을 벌 수 있다'고 이야기했고, 소매업자는 최소주문 수량을 500개에서 200개로 낮춰줬다. 구독자를 이렇게 써먹다니 무서운 놈이다.

먼저 내가 원하는 색상인지 샘플을 만들어 달라고 요청했다. 중국 판매자는 '샘플비는 100달러이고 샘플 확인 후 메인 주문을 넣으면 샘플비는 빼준다'고 했다. 샘플의 컬러는 만족스러웠다. 나는 내친김에 조금 더 큰 모험을 해보기로 했다. 카키색 200개를 추가 주문한 것이다. 카키색은 샘플도 받아보지 않고 제작을 요청했다. 검정색, 샌드색, 카키색 이 3가지 색상을 팔아보기로 마음먹은 것이다.

개당 9.5달러 400개의 수류탄 펌프, 인보이스상 총금액은 3,800달러 한국 돈으로 약 450만 원이었다. 드디어 HON CAMPING이라는 로고를 인쇄한 샌드색, 카키색 제품들을 내가 지정한 창고로 입고시키고 판매를 시작했다. 판매 결과는 어땠을까?

완전 대박이었다. 3주가 안 돼서 샌드색은 물량이 전량 소진됐고 그다음으로 카키색이 소진됐다. 왜 400개만 시켰는지 너무 후회가 됐다. 위탁판매로 판매를 했을 때는 마진이 20%대였는데 내가 수입해서 판매를 하니 마진이 60%대가 넘었다. 나는 공장에 곧바로 샌드색 1,000개, 카키색 500개를 주문했다. 중국 공장에서는 카키색을 500개 더 주문해서 2,000개를 맞추면 5% 추가 할인을 해준다고 했다. 나는 그럼 카키색 500개를 더 추가하지 않고 샌드색 1,500개를 추가한다고 했고 공장에서는 알겠다고 했다. 협상이 되니 재밌었다. 2,000개의 물량은 2주 만에 완성되었다. 왜 이렇게 빨리 완성되었냐고 물어보니 2,000개는 그리 큰 물량이 아니라고 한다. 미국, 유럽에서는 기본 1만 개씩 주문한다고 하니 확실히 큰 시장은 달랐다.

서 과장은 이번에는 수량이 많으니 중국에 한번 방문해서 인사도 하고 QC 퀄리티 체크를 하라고 조언해줬다. 중국 공장도 단

시간에 2,000개를 주문해서인지 아니면 서 과장의 구독자 10만 명을 의식해서인지 환영한다고 공항까지 마중 나온다고 했다. 나는 생전 처음 비자를 만들고 중국을 방문했다.

중국 공항에 도착하니 기사님이 나의 영어 이름을 A4용지에 써서 들고 있었고 나는 그분을 따라갔다. 영어를 전혀 못 하는 기사님이어서 조용히 차를 타고 가는데 4시간이나 걸렸다. 그사이 화장실도 한번 들르지 않았다. 나는 공장에 도착 후 사장님과 미팅 자리를 가졌다. 교포분이 통역을 해주셔서 다행히 내가 궁금한 것들을 물어볼 수 있었다. 미팅 중에 인상 깊었던 점은 컵을 닦는 방법이었다. 중국은 차를 마시는 것을 좋아하는데 컵을 닦을 때 물을 끓여 컵을 한번 살균을 해주고 그 컵에 차를 따라 주었다. 뭔가 신기한 기분이었다.

우리는 공장을 둘러보고 QC 전에 점심 식사를 하러 갔다. 3명이서 식사를 하는데 8인석 원형 테이블에 옆에 식사를 도와주시는 분이 계셨다. 뭘 좋아하냐고 물어봐서 딱히 가리는 게 없다고 했더니 알아서 시킨다고 하셨고 나는 10분 뒤에 나도 가리는 음식이 있다는 것을 깨달았다.

내가 살아생전에 닭벼슬로 만든 음식을 먹어보다니. 모르고는 한 점 먹을 수 있었는데, 알고 나서부터는 손을 댈 수가 없었다. 하지만 더 충격적인 것은 마라탕 형식으로 나온 돼지 뇌였다. 어느 나라인지는 모르겠지만 원숭이 골을 먹는다는 것을 듣기만 들었는데 실제로 뇌의 모습을 보니 정말 충격적이었다. 사색이 된 나의 모습을 보고 교포분은 중국에 왔으니 새로운 문화를 보여주고 싶어서 시킨 거니 안 먹어도 된다고 했다.

식사 시간이 끝나고 나는 2,000개 제품의 QC를 진행했다. 다 볼 수 없어서 몇 개를 꺼내 작동시켜 보고 불량이 없는지를 살폈다. QC를 마치고 나는 그들이 마련해준 호텔에서 잠을 자고 1박 2일 일정을 마무리한 후 한국으로 돌아왔다. 간만에 해외를 나가서 뇌의 새로운 자극이 있어서인지 상쾌해지는 기분이 들었다. 중국에 가서 공장 대표와 미팅을 하고 비행기를 타니 뭔가 내가 무역상이 된 기분이었다. 나도 모르게 어깨가 조금 올라갔다.

특허권 침해로
재판장에 가다

수류탄 펌프를 시작으로 나는 여러 카테고리 제품들을 브랜딩했다. 다른 캠핑 카테고리 제품도 샌드색 색상의 제품을 만들어 HON이라는 쇼핑몰에 올려놓고 브랜딩했다. 점점 쇼핑몰에 사람이 모이면서 수류탄 펌프가 아닌 다른 제품들도 판매가 되었고, 심지어는 오프라인 캠핑 매장에서 물건을 공급받고 싶다는 제안이 들어왔다. 이제 HON CAMPING이라는 이름이 점점 캠핑업계에 알려지기 시작한 것이다.

수류탄 펌프 중국 공장 사장님은 내가 판매를 잘하자 다시 한번 만나고 싶다고 나를 중국으로 초대했다. 그리고 자기 친구라며 또 다른 사장님을 소개해주었다. 그분은 전기 자전거 키트를 만드는 공장의 사장님이었다. 전기 자전거 키트는 일반 자전거에 배터리와 모터를 달아 전기 자전거처럼 만들어주는 키트였다. 나는 자전거 회사에서 근무를 했었고 분명히 수요가 있을 것 같아 전기 자전거 키트를 브랜딩해서 팔기로 했다.

그렇게 KC 인증을 받고 자전거 키트를 1억 원어치 수입해서 판매를 시작했다. 그동안 해왔던 대로 오픈마켓에 제품을 올려 노출시키고 물길작업을 통해 자전거와 전기 자전거에 관심 있는 사람들이 모인 곳에 침투해 광고 활동을 했다. 내 예상대로 제품은 잘 팔렸다. 그렇게 제품을 팔던 중 경찰서에서 연락이 왔다. 특허권 침해로 특허권자가 형사고소를 했다는 것이다. 수사관은 조사를 받아야 하니 날짜를 정해주며 해당 날짜에 경찰서에 조사를 받으러 오라고 했다.

나는 내가 무슨 잘못을 했는지 확인하고 싶어 국가에서 무료로 해주는 공익변리사 서비스 상담신청을 했고 변리사분은 내용을 확인해보더니 특허권 침해가 맞다고 했다. 그리고 특허권 침해가 맞으면 제품을 팔 수 없다고 했다.

내 머릿속에 7천만 원어치 재고가 떠올랐다. 나는 바로 변호사를 선임하고 대응을 해나갔다. 결국 내 사건은 경찰에서 검찰 송치로 넘어갔고 결국 나는 재판을 받게 되었다. 무지의 결과였다. 재판 당일 나는 남한산성 입구에 있는 법원으로 출두했다. 2시에 재판이었지만 늦을까 봐 1시 30분에 먼저 재판장 근처에 와 있었다. 재판장 근처에서 변호사를 기다리는 동안 정말 드라마에서나 봤던 온몸에 문신을 하고 일수 가방을 들고 다니는 사람을 봤다. 그뿐만이 아니었다. 재판장 입구에는 방금 재판을 마치고 나온 사람들이 서로 죽일 듯이 욕하며 큰 소리로 싸워댔고 이런 공간에 있는 나는 정말 큰 죄인이 된 것 같았다.

재판장에 처음 가서 알게 된 사실은 내가 재판을 받을 때 다른 사람이 그것을 다 볼 수 있다는 것이다. 변호사님은 우리나라는 공개재판 형태로 재판이 열린다고 했다. 나도 본의 아니게 다른 사람의 재판을 보게 되었다. 온라인 도박사이트를 운영하는 사람들이었는데 검사는 그 자리에서 징역 1년 6개월을 구형했다.

내 차례가 왔다. 나는 주민등록번호를 이야기하고 피고인석에 앉았다. 내가 따로 해야 될 일은 없었다. 주민등록번호만 이야기하고 모든 대화는 변호사와 판사 그리고 검사가 했다. 그리고 재판이 끝났다. 그런데 재판은 한 번에 끝나지 않았다. 다음 기일이 잡혔다. 재판에 가기 전에도 많은 생각이 들었지만, 갔다 온 다음에는 더 많은 생각이 들었다. 네이버에서 구치소에 관련된 정보를 찾아보고 유튜브에서는 감옥생활에 대해 검색했다. 유튜브에는 감옥에서 출소한 후 그것을 콘텐츠 삼아 돈을 버는 사람도 존재했다.

나는 이러면 안 된다고 생각했다. 아직 벌어지지 않은 미래 때문에 내 소중한 시간을 좀먹고 있었다. 아무리 생각해도 억울한 마음이 진정되질 않았다. 세상에 얼마나 많은 제품이 있는데 그 제품들의 특허를 어떻게 확인한단 말인가. 그리고 상품을 만들지도 않았는데 아이디어만으로 특허가 등록이 된다는 이게 말이 되는 건가. 부정적인 생각은 꼬리에 꼬리를 물고 나를 괴롭혔다.

이 문제를 해소하기 위해 직원 사건 때 서 과장이 했던 말을 떠올렸다. 먼저 나의 잘못을 인정하기로 했다. 알아보지 못한 내 잘못이다. 무지 또한 내 잘못이라고 인정했다. 그렇게 인정을 하고 그럼 어떻게 재고를 팔 수 있을까를 생각해봤다. 나는 특허권자에게 연락을 시도해보기로 했다. 이미 상황은 벌어졌지만 남아 있는 재고라도 팔아야 하지 않겠나. 특허권자 연락처는 알 방법이 없어 특허권자의 법무법인 사무실에 연락했다. 법무법인에서 특허권자의 이메일 주소를 받은 후 장문의 이메일을 썼다.

무지로 인해 피해를 드려 죄송하고 모든 피해 보상은 해드리겠다. 다만 앞으로 남은 제품을 판매하고 싶고 그에 따라 합당한 로열티를 드리겠다는 내용이었다. 그렇게 메일을 쓰고 나서는 더 이상 이 사건과 재판에 대해서 생각하지 않아야겠다고 마음먹었다. 예전에 들었던 박세니 님의 강의가 도움이 됐다.

'생각을 안 하려고 하면 더 나는 법이니 더 발전적인 생각에 집중해라.'

나는 다시 어떻게 하면 내가 더 성장하고 잘 팔지에 대해 집중했다. 앞으로 있을 재판과 나오지 않은 결과에 대한 생각이 문득 들었지만, 그때마다 나는 매출을 높이는 쪽에 집중했다. 그렇게 다시 판매에 몰두하고 있을 때 특허권자에게서 회신 메일이 왔다. 이미 형사고소가 되어 멈출 수는 없지만 남은 재고와 앞으로의 판매는 긍정적으로 검토해보겠다고 했다. 나는 이 기쁜 메일에 크게 동요되지 않고 계속 나의 할 일을 했다. 나는 더 단단해졌다.

결국 싸고 좋은 제품이 이긴다

캠핑 카테고리 중 3대장은 텐트, 의자, 테이블이다. 나는 이 중 한 개 카테고리 중에 한 곳이라도 상위 5위 안에 드는 제품을 만드는 게 목표이다. 품질 좋고 저렴한 제품을 찾기 위해 1688을 통해 검색되는 첫 페이지부터 끝 페이지까지 나오는 중국의 텐트 공장들, 캠핑 의자 공장들, 캠핑 테이블 공장에 가격을 물어봤다. 1688에도 등급이 있는데 등급이 높은 공장들은 이미 우리나라와 계약을 맺고 있었다. 그 제품들 대부분이 국내에서 1~5위를 차지하고 있었다. 그들과 같은 가격으로는 승부를 볼 수 없었기에 더 낮은 가격으로 공급해주는 업체가 없는지 계속 찾아다녔다. 그러던 중 이

전에 이미 컨택했던 업체 중 한 곳이 위챗으로 연락을 해왔다. 위챗은 중국의 대표적인 채팅 어플로 한국의 카카오톡 같은 것이다. 1688에서 문의를 하고 보통 위챗에 친구 추가를 해서 상담을 이어 나간다. 위챗에는 카카오톡과 달리 번역기능이 있다. 우리가 한글로 보내도 그쪽에서 알아서 번역해서 알아듣고 중국어로 답문을 보내오면 위챗 내 번역을 눌러 한국어로 전환이 가능하다.

나와 컨택한 업체는 지금 회사의 매출을 늘려야 하니 내가 원하는 가격에 맞춰주겠다고 했다. 샘플을 받아보니 품질도 다른 큰 공장들에 비해 뒤처지지 않았다. 아니, 오히려 뛰어났다. 다만 판매자 측에서 최소 주문 수량을 2만 개 요청했다. 캠핑 의자는 보통 1개씩 판매되는 게 아니고 가족들 것까지 2개 이상씩 판매되기 때문에 충분히 판매 가능한 수량이었다. 그동안 배웠던 대로 내 브랜드를 입히고 제품의 가치를 더 높아 보이게 만드는 상세페이지를 제작했다. 가격은 당연히 상위 1~5위보다 더 저렴하게 책정했다. 그동안의 경험이 빛을 발하는 순간이었다. 제품을 공급받고 판매한 지 한 달도 안 돼서 내 제품은 스마트스토어 캠핑 의자 5위에 입성했다. 하지만 기쁨도 잠시 6위 업체가 가격을 낮추기 시작했다. 6위 업체는 내 제품 가격보다 1,000원 더 저렴하게 가격을 책정했다.

예전에 위탁판매를 할 때는 나와 비슷한 제품의 경쟁자가 가격경쟁을 시작했을 때 따라갈 여력(전문용어로 룸)이 없었지만 지금의 나는 달랐다. 나는 내가 조사한 공장 공급 가격 중 가장 저렴한 공급가로 물건을 받았기 때문이다. 나는 오히려 6위가 따라온 가격에서 2,000원만큼 가격을 더 낮췄다. 그다음날 6위 업체는 또 내 가격과 동일하게 따라왔다. 하지만 내 가격보다는 낮추지 못했다. 나는 이 싸움에서 이길 자신이 있었다. 왜냐하면 나는 그들보다 규모가 작기 때문이다. 사람인에서 확인해본 결과 6위 업체는 직원이 30명 정도 되는 중소기업이다. 당연히 들어가는 고정비가 나보다 크고 회사가 돌아가기 위해서는 적정 마진율이라는 것이 있다. 그에 비해 나는 직원이 이제 5명으로 그 규모가 훨씬 작다. 나는 더 적은 마진으로도 충분히 버틸 수가 있다. 나는 또 1,000원을 낮췄다. 가격을 낮출수록 내 제품의 가치는 올라가니 당연히 더 잘 팔렸다. 나는 어느새 스마트스토어에서 캠핑 의자를 검색했을 때 4위에 올라와 있었다. 스마트스토어에서 5위와 4위의 차이는 엄청나다. 캠핑 의자의 경우 모바일로 봤을때 광고 제품 빼고 1페이지에 4개 제품이 소비자들에게 노출된다.

결국 6위 업체는 다시 가격을 올렸다. 예전 가격 전쟁에서는 졌지만 이번 전쟁에서는 내가 승리했다. 나도 다시 가격을 올렸다. 가격을 올리더라도 1페이지 제품들 중에는 내 제품의 가격 경쟁력이 제일 높았다. 최저의 공급가를 찾으려던 시도가 빛을 발했다.

쿠팡에서 온 제안

스마트스토어에서 내 캠핑 의자가 3위까지 순위가 올라가자 이메일을 통해 쿠팡 MD에게서 연락이 왔다. 쿠팡 로켓배송에 입점제안이 온 것이다. 서 과장은 쿠팡이 현재 대한민국에서 트래픽이 가장 높은 쇼핑몰이니 입점하는 게 좋다고 했다. 쿠팡 MD에게 연락을 했고 나는 그 MD에게 쿠팡의 배송시스템에 대해 알게 되었다. 쿠팡은 크게 로켓배송, 판매자 로켓, 윙 이렇게 3가지로 구성되어 있다.

로켓배송은 쿠팡이 셀러들의 물건을 구매해서 각 지역마다 만들어놓은 창고에 보관하며 배송은 물론 CS까지 해주는 시스템이다. 그래서 빠른 배송이 가능하다. 판매자 로켓은 로켓배송처럼 창고에 물건을 보관하고 배송과 CS를 쿠팡에서 해준다. 로켓배송과의 차이점은 그 시스템을 이용하기 위해 쿠팡에 수수료를 내야 한다는 것이다. 쿠팡 윙은 판매자가 직접 배송해주는 시스템이다. CS도 판매자가 직접 해야 된다.

로켓배송에 입점하고 싶으면 방법은 두 가지다. 첫 번째, 잘 팔리는 물건이 있으면 쿠팡 MD측에서 입점제안 메일이 와서 입점하는 경우이다. 두 번째는, 쿠팡에 내 제품을 입점제안을 할 수 있다. 물론 내가 아무리 입점제안 신청을 해도 쿠팡 측에서 판매가 잘 되지 않을 것이라고 판단되면 입점제안은 받아들여지지 않는다. 판매자 로켓은 쿠팡에서 우리 제품을 매입하는 것이 아니기 때문에 큰 문제가 없으면 입점을 해서 판매가 가능하다. 예전에는 일반과세자만 입점이 가능했는데 최근에는 간이과세자 사업자로도 판매자 로켓에 입점할 수 있다. 쿠팡 윙 같은 경우는 사업자만 있으면 언제든 상품을 등록해서 팔 수 있다.

셋 중에 어느 판매 시스템이 가장 좋다고 말할 수는 없다. 각각 장단점이 있기 때문이다. 로켓배송은 쿠팡이 매입해서 재고 부담이 없다는 큰 장점이 있지만 상품을 내 마음대로 수정할 수가 없다. 판매자 로켓은 내 입맛대로 제품을 수정할 수 있지만 판매 수수료와 창고 수수료도 내야 해서 수수료 부담이 크다. 마지막으로 윙은 수수료도 다른 시스템보다 적지만 배송이 느리다. 쿠팡 로켓배송을 이용해본 사람은 빠른 배송이 얼마나 큰 장점인지 알 것이다.

쿠팡 로켓배송에 내 제품이 입점되었고 입점되자마자 판매가 일어나기 시작했다. 쿠팡 측에서 처음부터 많은 재고를 가져가지 않았기 때문에 중간중간 품절로 인해 판매가 원활하지 않았지만 점점 쿠팡에서 요청하는 재고량이 커졌다. CS도 하지 않고 재고만 공급해주면 매출이 나오는 구조는 셀러에게 너무나 큰 장점이었다. 그리고 분명 스마트스토어보다 판매가가 높은데도 주문이 일어났다. 한국 사람들은 역시 가격이 더 비싸더라도 빠른 배송을 선호했다. 장점만 있는 것은 아니었다. 로켓배송 제품은 하자가 없어도 고객이 원하면 단순변심으로 반품이 가능하다. 소비자였을 때는 굉장한 장점이 셀러의 입장에서는 정말 짜증 나는 일이었다. 쿠팡의 이런 시스템은 아마존의 시스템과 거의 동일할 정도로 유사하다고 한다.

쿠팡 로켓배송의 재미를 느끼고 나는 다른 제품들도 로켓배송에 입점제안 신청을 했지만 입점이 잘 되진 않았다. 그런 제품들은 판매자 로켓에 입점시켜 팔아봤다. 개인적으로 다른 쇼핑몰들이 이런 시스템을 이길 만한 무언가를 내놓지 않는다면 대한민국 온라인 쇼핑은 쿠팡이 점점 점령해 나갈 것 같다.

스스로 돈을 벌고 나면
달라지는 것들 2

위례 신도시 아파트로 이사했다. 18평짜리 청약에 걱정하던 내가 비록 월세지만 2배가 넘는 크기인 39평짜리 아파트로 거주지를 옮긴 것이다. 내가 살던 곳과 멀지 않은 곳이다. 여기로 이사 오기 전에도 우리는 자주 딸을 데리고 이 주변을 산책했었다. 그리고 매번 서로에게 하는 말이 있었다.

"15억 아파트에 사는 사람들은 어떤 사람일까? 부모님이 부자일까? 다들 전문직일까?"

그때는 우리가 이곳으로 이사 올 수 있을 것이라는 희망조차 품지 못했다. 그런데 꿈도 꾸지 못했던 곳에서 살 수 있게 된 것이다. 이곳은 어린이집도 가까웠고 초등학교는 아파트 정문에서 뛰면 3분 안에 도착할 수 있었다. 아파트로 이사 온 날 밤 와이프는 감격의 눈물을 흘렸다.

돈을 번다는 것은 많은 것을 바꾼다. 와이프는 13년 다녔던 회사를 그만두었다. 회사를 그만둔 와이프는 신기하게도 만성 두통이 없어졌다. 그리고 정말 슬픈 얘기지만 부부싸움이 10분의 1로 줄었다. 아마도 회사에서 받은 스트레스가 집까지 이어져 왔던 것 같다. 곳간에서 인심이 난다는 말처럼 내가 어느 정도 안정적인 생활을 하게 되니 가족들을 더 살피게 되었다. 한번은 장모님이 아파트에 집들이를 오셨다. 우리 아파트를 보더니 호텔 같다며 굉장히 좋아하셨다. 그 이후로 매년 가던 장모님 댁이 다시 보였다. 장모님은 눈이 안 보이시는 동생분과 연로하신 어머님과 함께 사셨다. 지방에 40년 넘은 주택 1층, 햇빛도 들어오지 않는 곳이다. 나는 큰 결심을 했다. 돈이 어느 정도 모였을 때 와이프에게 장모님 아파트를 사드리자고 이야기했다. 아직도 기억나는 것이 부동산 잔금을 치르러 갔을 때 장모님이 사위가 아파트 사준다며 소문을 내서서 이곳저곳에서 칭찬을 들었다.

앞에 강이 있고 탁 트인 뷰가 있는 아파트였다. 할머님은 맨날 올려만 보고 살았는데 죽기 전에 내려다보고 살 수 있다며 감격해하셨다. 아파트 인테리어도 싹 다시 해서 호텔 느낌이 난다며 다들 좋아했고 나는 그 모습에 더없이 즐거웠다. 아파트 이사 후 가족들과 장어를 먹으러 갔다. 할머님은 연신 장어가 맛있다며 많이 드셨는데 알고 보니 살아생전 장어를 처음 먹어 보신다고 했다. 장어를 먹고 돌아오며 나는 행복이 별거 없다는 것을 느꼈다.

돈을 벌면 나와 가장 가까운 사람들이 행복해지고 그 모습을 보는 나는 더 행복해진다. 그 행복은 내가 무언가를 샀을 때 느끼는 행복과는 차원이 다르다.

서 과장에게 배우는
직원관리 노하우

매출이 늘면서 직원을 뽑아야 하는 일들이 생겼다. 나는 서 과장에게 직원관리 방법에 대해 물어봤고 서 과장은 다년간의 중소기업 문화 경험을 바탕으로 만든 본인만의 노하우를 알려주었다.

1. 직원들에게 큰소리를 치지 않고 큰소리를 칠 만한 직원도 뽑지 않는다. 즉, 인성이 최고다.

나와 서 과장이 다녔던 회사에는 화를 내고 큰소리치는 상사들이 많았다. 왕 과장을 포함해서 인성이 개차반인 상사들이 많았단 이야기다. 서 과장은 이전 회사에서도 그런 상사를 만났다고 했다. 그렇게 소리치고 화내는 사람들이 필요하다는 사람들도 있다. 누군가는 총대를 메야 한다고도 한다. 하지만 서 과장은 그렇게 생각하지 않았다. 화는 누구나 낼 수 있는 것이고 화를 내지 않고 상대방을 내 뜻대로 움직이는 게 능력이고 잘하는 사람이라는 것이다. 감정은 굉장히 전염성이 강하다. 상사가 화난 얼굴로 씩씩대면 화가 풀릴 때까지 주위 직원들은 움츠러들고 업무 효율은 나지 않는다. 그래서 서 과장은 직원들을 뽑을 때 일을 잘하는 것보다 인성을 가장 중요시 본다고 한다.

2. 회식은 금액 제한 없이 맛있는 것을 사준다.

서 과장은 회식에 한이 맺혀 있다. 예전 회사에서 회식을 할 때 돼지고기를 먹으러 갔다. 서 과장은 고기를 더 먹고 싶었지만, 인당 3만 원 제한 금액 때문에 고기를 더 시키지 못했다. 서 과장은 본인 돈을 내더라도 먹고 싶다고 했는데 욕만 먹고 제지당했다. 그때 이후로 서 과장은 직원들과 회식할 때 무조건 맛있는 곳에서 원 없이 먹인다고 한다. 실제로 서 과장은 회식을 유명한 소고기집, 대게집, 호텔 뷔페에서 한다고 한다.

3. 직장 내 투잡을 제한하지 않는다.

서 과장의 지론 중 하나는 대기업 이상 돈을 주지 못할 거면 투잡을 제한하지 않는 것이다. 서 과장도 투잡으로 컸고 나도 투잡으로 컸기 때문에 이 점은 동의하는 바이다. 그래도 업무시간에 딴짓하면 어떡하냐는 나의 물음에 서 과장은 이렇게 대답했다.

"너나 나나 업무시간에 업무에만 집중했냐? 가끔 딴짓도 하고 농땡이도 부리고 했잖아. 그 농땡이 칠 시간에 차라리 부업을 하는 게 본인한테도 도움이 되고 회사에도 도움이 돼."

"회사에는 왜 도움이 되는데?"

"본인 부업을 잘하기 위해서 공부를 하게 되고, 공부한 게 회사에 적용될 수 있으니까."

서 과장 회사의 직원들은 대부분 투잡을 한다고 한다. 그중에 한 직원은 부업까지 해서 번 돈으로 벌써 아파트를 장만했다고 한다.

4. 직원들이 강의를 듣고 싶다고 하면 적극 지원한다.

투잡과도 연결되는 내용이다. 투잡을 잘하기 위해서는 배워야 하고 서 과장은 배우겠다는 것에는 지원을 아끼지 않는다. 배우겠다는 자세를 가진다는 것부터가 회사에 도움이 되는 인재라는 뜻이고, 앞서 말했듯이 본인 일을 하기 위해서 배운 내용이라도 회사에 분명 도움이 되기 때문이다.

5. 일을 더 잘하게 하고 싶으면 연봉을 올려준다.

서 과장의 롤모델은 박새로이다. 박새로이는 《이태원 클라쓰》

웹툰의 주인공이고 웹툰은 드라마화되어 흥행했다. 드라마의 한 장면 중에 새로 온 매니저가 음식을 못하는 직원 때문에 매출이 오르지 않는다고 음식을 못하는 직원을 내보내라고 조언한다. 그 때 박새로이는 음식을 못하는 직원에게 월급을 2배로 주며 2배의 가치에 맞게 일해달라고 하고, 결국 그 직원은 노력 끝에 음식대회에서 1위에 입상하게 된다. 서 과장은 그 장면이 굉장히 인상 깊었다고 한다. 그래서 본인도 직원이 일을 더 해야 하거나 새로운 일을 시킬 때 월급을 20% 인상해주며 일을 시켰고 그 직원은 지금 누구보다 열심히 일하고 있다고 했다.

6. 한 달간 여행을 가도 괜찮다. 다만 여행 가서도 일은 해야 한다.

서 과장 회사에 직원들은 한 달 두 달 여행을 가도 된다고 한다. 다만 여행을 가 있는 동안에도 업무에는 차질이 없어야 한다고 했다.

7. 대청소를 시키지 않는다.

서 과장은 예전 회사에 있을 때 매주 한 번 대청소 시간이 그렇게 싫었다고 한다. 그래도 배운 게 도둑질이라고 새로 사무실을 얻을 때 직원들에게 일주일에 한 번 청소를 시켰는데 언젠가 한 번 청소업체를 쓰면 안 되냐는 직원의 이야기에 올챙이 적 경험을 깨닫고 지금은 청소업체 외주를 쓴다고 했다.

8. 직원들에게 커피 심부름을 시키지 않는다.

서 과장은 업무에 관련된 일이 아니면 사적인 심부름은 시키지 않는다고 한다. 직원들에게 커피를 사줄 때도 꼭 같이 껴서 가위바위보로 결정한다. 가끔 직원들이 부담스러워하지만 내가 하기 싫은 것은 남도 하기 싫다는 말을 지키려고 노력한다고 한다.

나는 서 과장의 직원관리 노하우를 듣고 이렇게 경영하다 망하지 않겠냐고 물었고, 서 과장은 망할 때 망하더라도 이렇게 망하면 욕은 안 먹지 않겠냐고 대답했다. 그리고 이런 경영 방침 덕에 잘돼서 나가는 직원 말고는 퇴사자가 없기 때문에 회사가 조금씩 성장하고 있다고 말했다.

경제적 자유는
나의 씀씀이가 결정한다

매출액이 점점 커지고 법인 통장에 잔고가 쌓일수록 또 하나의 고민이 생겨났다. 과연 얼마의 돈을 벌어야 내가 원하는 삶을 살 수 있을까? 많은 자기계발서를 읽으며 나의 목표는 점점 구체적으로 변했고 목표를 달성할 기간도 설정했다. 나의 목표는 45살까지 아무것도 하지 않아도 월 1,000만 원이 나오는 삶이다. 회사를 잘 시스템화해서 월 1,000만 원이 나오게 할 수도 있지만 내 기준으로 그것은 아무것도 하지 않는 것이 아니다. 어느 정도 경영에 참여해야 하기 때문이다.

나는 이 고민의 답을 찾기 위해 많은 사람을 찾아다니며 상담을 했다. 연예인들의 건물 매입을 전문으로 도와주는 세무사, 오피스텔이나 원룸 투자로 한 달에 8,000만 원씩 나오는 부동산 유튜버 그리고 강남 빌딩에 한해서 매매 관리만 전문적으로 상담해주는 소장 등을 만나서 어떻게 하면 아무것도 안 해도 한 달에 1,000만 원을 벌 수 있는지 물었다. 당연히 공짜는 아니었다. 모두 1시간당 30만 원 이상 컨설팅비를 지불해야 상담을 받을 수 있었다.

내 현재 상황에서 한 달에 1,000만 원씩 나오는 경제적 자유를 이루기 위한 방법은 생각보다 많지 않았다. 크게 은행 예금이자, 배당주, 원룸-오피스텔 같은 수익형 부동산 임대업, 건물 임대업 정도였다. 먼저 예금이자로 월 1,000만 원이 나오려면 얼마를 예금해야 하는지 계산해봤다. 은행 이자 4%로 계산했을 때 40억을 예치하면 1년에 1억 6,000만 원 이자 소득이 나오고 세금을 떼면 약 1억 3,500만 원이 나온다. 그럼 현찰로 40억을 모아야 경제적 자유를 이룰 수 있다는 결론이 나온다. 그런데 집은 한 채 사야 할 것 아닌가. 그렇다면 40억 이상을 벌어야 한다. 현찰로 40억을 벌려면 실제 생활비도 써야 하고 소득세도 떼야 하니 60억 이상 벌어야 현찰로 40억을 마련할 수 있다.

다음으로 배당주다. 배당주의 평균 수익률은 4% 정도로 예금금리와 비슷하나 시간이 지나면서 주식 가치가 우상향할 수 있다. 다만 그 말은 주식 가치가 떨어질 리스크도 포함한다. 그다음은 수익형 부동산이다. 원룸이나 오피스텔을 사서 모아 나가는 방법이다. 컨설팅을 통해 들어서 알았지만, 원룸이나 오피스텔 가격이 안 오르는 것은 아니다. 다만 미미하게 오를 뿐이다. 매달 나오는 월세와 시세차익을 통해 원룸을 1채, 2채씩 모아 나가다 보면 대략 25채에서 30채가 되면 월 수익 1,000만 원이 수익형 부동산 임대수익으로 나온다. 이것의 문제는 사업을 하면서 수익형 부동산을 모아 나가는 것이 쉽지 않다는 것이다. 컨설팅을 해주신 분은 이미 관리를 부동산 중개업자분들에게 위임해서 직원 하나 없이 구글 엑셀 시트 하나로 관리하는 시스템을 만들어 놨지만 그 시스템까지 가기 위해 수익형 부동산 하나를 엄청나게 팔았을 것이다. 나머지 하나는 강남 꼬마빌딩이다. 다른 지역도 있는데 왜 강남이 냐고? 나는 불확실한 것을 싫어하기 때문이다. 강남 건물 수익률은 1%대로 약 100억짜리 건물을 사야 월 1,000만 원이 나올 수 있다. 100억짜리 건물은 20~30억이 있으면 살 수 있기 때문에 그나마 가장 빠른 길이었다. 세입자의 잡다한 요청을 관리해줘야 하는 수익형 부동산에 비해 건물 임대는 세입자가 알아서 관리하는 것이 많아 더 편해 보였다. 그런데 과연 70~80억 대출이 있는 삶을 과연 경제적 자유라고 할 수 있을까? 바로 얼마 전처럼 급격한 금리 인상과 공실을 생각하면 잠이 올까? 아마 이런 대출이 있다면 대출이자 때문이라도 계속 일을 하게 될 것 같다.

경제적 자유는 생각보다 어려운 것이었다. 그래서 나는 다른 방향으로도 생각해 보았다. 한 달에 1,000만 원이 꼭 필요할까? 그리고 매달 여행 가는 것도 지루할 테니 몇 달만 여행 간다고 하면 월 500만 원씩만 나와도 되지 않을까? 한 달에 500만 원만 꾸준히 나오는 삶을 머릿속에 그려보니 조금은 마음이 편해지는 느낌이었다.

많은 자기계발서에서 목표를 더 크게 가지라고 한다. 목표를 크게 가져야 그에 맞는 행동이 따른다고. 나도 그 말에는 완전히 동의한다. 5년 안에 10억을 버는 방법과 100억을 버는 방법이 같을 수가 없다. 100억을 벌려면 100억을 벌 수 있는 방법을 시도해야 한다. 그리고 몇몇 대가들은 10억을 버는 노력이나 1,000억을 버는 노력이나 노력의 양은 크게 다르지 않다고 한다. 그러니 10배 크게 생각하라고. 나는 아직 내공이 안 되어서인지 이 말이 크게 납득되지는 않는다. 그렇게 500억, 1,000억 같은 큰 부는 노력만으로 되는 것이 아니라 운이 따라야 한다. 그 운을 보고 달려가느니 그냥 내 씀씀이를 줄여서 경제적 자유를 이루는 것도 한 방향이 아닐까? 삶에는 정답은 없으니까 말이다.

BUY
SELL

서 과장과의 인터뷰

결국 나는 온라인 판매로 한 달에 순수익 1억을 달성했다. 유튜브 구독자도 6만 명을 넘겼다. 서 과장은 나에게 처음으로 부탁을 했다. 책이 출판되었으니 내 채널에서 자기 책을 소개하는 콘텐츠를 찍어달라는 것이다. 나는 기꺼이 알겠다고 대답했다. 다음은 그와의 인터뷰 내용이다.

👤 **김** : 저희 구독자분들에게 간단하게 자기 소개 부탁드립니다.

🎤 **서** : 안녕하세요. 저는 11만 '잘나가는 서 과장' 채널을 운영 중인 서 과장이라고 합니다. 반갑습니다. 오늘은 제 첫 번째 출간작 《사는 동안 한 번은 팔아봐라》라는 책을 소개해드리고 싶어서 나왔습니다.

👤 **김** : 이 책은 어떤 내용인가요?

🎙️ 서 : 요즘 월급 외 수익을 만들기 위해 많은 분들이 부업을 하십니다. 하지만 부업을 할 때 어떤 부업을 해야 하는지 어떤 마인드로 부업을 해야 하는지 모르시는 분들이 많습니다. 우리는 자본주의 사회에 살고 있고 자본주의 사회에서 돈을 번다는 것은 무언가를 판다는 것과 동일합니다. 직장인들은 노동력을 팔고 자영업자나 회사는 제품이나 서비스를 팔아 돈을 법니다. 이 사회에서는 잘 파는 사람이 돈을 많이 벌고 부자가 됩니다. 이런 맥락에서 부업을 선택할 때도 잘 파는 것과 연결되는 일을 했으면 하는 바람으로 이 책을 쓰게 되었습니다.

👤 김 : 집필 기간은 어떻게 되나요?

🎙️ 서 : 초고(다듬어지지 않는 원고)를 쓰는 데 6일이 걸렸습니다.

👤 김 : 6일이요? 아니, 책을 6일 만에 쓴 것은 너무 내용이 부실한 것 아닌가요?

🎙️ 서 : 저는 책 집필은 처음이지만 유튜브 영상 제작을 위해 300개가 넘는 대본을 쓰면서 글쓰기를 해왔습니다. 그리고 강의와 특강까지 포함해 500번이 넘는 강의를 하면서 이 책의 내용들을 이야기하고 다녔습니다. 글을 쓰기 시작하자 제 머릿속에 있는 내용이

자연스럽게 써졌습니다. 제가 재밌어서 글을 쓰다 보니 6일 만에 초고를 쓰게 되었습니다.

🧑 김 : 이 책에 나오는 내용은 다 본인의 실화를 쓴 건가요?

🎤 서 : 제 일천한 경험만으로는 다양한 판매에 대한 정보를 드리기 부족하다고 판단했습니다. 그래서 수강생분들과 지인들의 사례도 각색해서 넣었습니다. 책 안에 기록된 비즈니스들은 모두 진짜로 돈이 벌리는 사업입니다.

🧑 김 : 이 책이 나오기까지 가장 큰 도움이 됐던 사람이 있을까요?

🎤 서 : 제 와이프가 가장 큰 도움이 됐습니다. 제가 책을 쓸 때 아무것도 신경 쓰지 않고 집중할 수 있게 많은 부분 도움을 줬습니다. 그리고 또 자청 님이 큰 도움이 되었습니다. 자청 님을 개인적으로 알진 못하지만 자청 님의 《초사고 글쓰기》 PDF를 예전부터 보고 있었고 인쇄본을 받아서 책을 쓸 때 옆에 두고 도움을 받았습니다. 그리고 초사고 글쓰기 내용처럼 글을 쓰고 Short 짧게 쓰기 위해, Easy 쉽게 쓰기 위해, Divide 문단을 나누기 위해, Again 구독자의 마음을 헤아리기 위해 4번의 검수를 거쳤습니다. 마지막으로 《무기가 되는 스토리》라는 책이 도움이 되었습니다. 주인공이 힘든 일을

겪었을 때 조력자가 나타나, 그 힘든 일을 같이 이겨 냈고 또 다른 힘든 일이 왔을 때도 그렇게 이겨 낸 뒤 결국 승리하는 흐름대로 글을 썼습니다.

김 : 이전에도 《친구의 조언》이라는 책을 쓰다가 멈춘 적이 있는 것으로 알고 있는데 어떻게 새로 다시 쓰실 생각을 하셨을까요?

서 : 제가 《친구의 조언》이라는 책을 완성하지 못했던 이유는 완벽하게 글을 쓰고 싶다는 마음을 버리지 못했기 때문입니다. 그런데 신수정 님의 《일의 격》에 보면 지금 내가 완벽하게 썼다고 생각하는 글도 5년 10년 뒤 내가 성장한 뒤에 보면 부끄러운 글이 될 수 있다는 것을 깨닫고 완벽하게 쓰자는 마음을 내려놓을 수 있었습니다.

김 : 그리고 책이 좀 유치하다? 좀 아재 개그들이 들어있는 것 같은데. 이건 의도하신 건가요?

서 : 저는 유머를 좋아합니다. 그리고 빅터 프랭클 박사의 《죽음의 수용소에서》라는 책에는 작가가 아우슈비츠 수용소에 갇혀 생활하는 내용이 나옵니다. 그 척박한 환경에서도 유머의 힘으로 사람들이 용기를 얻는 것을 보고 유머를 더 사랑하게 되었고 책 속 곳

곳에 넣어봤습니다.

김 : 그리고 말씀하실 때마다 자기계발서를 인용하시는데 이거 똑똑해 보이려고 하는 건가요?

서 : 저는 지극히 마케팅적인 전략으로 유명한 책들을 인용하고 있습니다. 《설득의 심리학》에 보면 권위의 법칙이라고 나옵니다. 별로 인지도가 없는 제 얘기보다 권위가 있는 책들의 내용을 가져오면 더 설득력이 생기기 때문에 권위 있는 책들을 많이 인용했습니다.

김 : 이 책의 인세를 한부모 가정의 교육 지원금으로 기부하겠다고 하셨는데 이유가 있을까요?

서 : 제가 상담을 해드린 분 중에 두 아이를 혼자 키우고 계신 여성분이 계셨습니다. 나이는 23살이고 남편에게 양육비를 받지 못하는 상황이었습니다. 그분이 아르바이트를 하시면서 어떻게든 생계를 유지하려고 쇼핑몰 부업을 했었는데 제품을 잘못 올려 지식재산권 침해로 합의금을 220만 원 내야 하는 일이 발생했습니다. 한부모 가정이고 어려움을 이야기해도 깎아주지 않았습니다. 그분의 통장에는 10만 원도 남아있지 않았는데 말이죠. 이 건에 대해 도움을 드리면서 누구보다 온라인 부업이 필요한 사람들은 한부모 가정

의 사람들이 아닐까라는 생각을 했습니다. 애를 돌보면서 밖에 나가서 일을 한다는 게 정말 어려운 일이거든요. 아이가 아프기라도 하면 정말 암담할 것 같았습니다. 그래서 이 책의 인세가 그분들이 온라인 부업에 대한 교육을 받을 수 있는 자금으로 쓰였으면 좋겠다는 생각을 했습니다.

🔘 **김 :** 마지막으로 구독자들에게 한말씀 하신다면요?

🔘 **서 :** 지금 이 책을 사서 읽어주셔서 저는 돈을 벌었습니다. 지금 이 순간 저는 생산자이고 여러분은 소비자입니다. 하지만 여러분들은 현명한 소비를 하셨습니다. 이 현명한 소비가 여러분이 생산자의 삶을 사는 데 도움이 되셨으면 좋겠습니다. 감사합니다.

서 과장이 추천하는 부업 리스트

블로그 원고 부업

난이도 : ★☆☆☆☆

내용	• **부업 개요:** 내 블로그에 글을 쓰는 게 아니라 남의 블로그 글을 외주를 받아 작성 • **사업자 필요 유무 :** X 1. 알바몬, 알바천국, 셀프모아, 오픈 카톡 등에서 원고 외주를 받는다. 2. 원고 테스트 후 계약을 맺고 보통 주급으로 원고료가 지급된다.
소요 시간	글 쓰는 속도가 빨라지면 시급이 점점 커짐
예상 수익	글 하나당 6,000~12,000원, 자당 3~4원
판매 연습 스킬	설득력 있는 글쓰기 연습
부업 후 확장 **(사업자 필요)**	블로그 원고 작성을 하며 키운 글쓰기 능력으로 내 블로그를 키울 수 있고 내 블로그 지수를 높여 블로그 제휴마케팅이나 위탁판매 등으로 확장 가능함

중고제품 리셀

난이도 : ★★☆☆☆

내용	- **부업 개요:** (수요 있는) 중고품 매입 및 판매를 통해 마진 내는 부업 - **사업자 필요 유무:** X (단, 수익이 커지면 사업자를 내고 정식 신고를 해야 함) 1. 인기 있는 제품인지 수요를 확인한다. (네이버 데이터랩) 2. 중고나라에서 시세를 체크한다. 3. 다른 플랫폼 (당근마켓, 번개장터 등)에서 '저가 매입' 가능한 명품을 검색한다. 4. 당근마켓 매입 키워드 등록 후 알람이 뜨면 매입한다. TIP. **브랜드 제품 중고를 구매해서 판매할 경우** 　　페이스북 [명품리오페] : 정품/가품 무료 감정해주는 온라인 커뮤니티를 이용해 감정을 해봐야 함
소요 시간	익숙해지면 1주일에 총 3시간, 하루 1시간 소요 비싼 제품일수록 수익이 크지만 리스크가 있음
예상 수익	월 100~ 300만 원
판매 연습 스킬	1. 최근 소비자의 니즈 파악 연습 2. 중고제품 판매글을 올리면서 어떻게 하면 더 가치가 높아 보이게 글을 쓸지 고민하면서 글쓰기 연습을 할 수 있음
부업 후 확장 **(사업자 필요)**	1. 일본 명품 브랜드 수입 판매 (사업자 필요) : 일본 명품 공매사이트를 통해 명품 브랜드를 수입해서 판매 가능. 다만 가격대가 있다 보니 브랜드 제품에 대한 이해도가 높아야 됨 2. 브랜드 제품 유통 (사업자 필요) : 중고제품이 아닌 정품이 확실한 아울렛에서 제품을 구입 후 제품 사진 및 상세페이지 제작 후 판매

블로그 제휴마케팅

난이도 : ★★☆☆☆

내용	• **부업 개요:** 블로그를 통해 쿠팡 파트너스, 알리익스프레스 제휴마케팅의 시스템을 활용해 남의 물건을 판매하는 부업(쿠팡, 알리익스프레스 제품뿐만 아니라 텐핑, 링크프라이스 등 제휴마케팅 사이트를 통해 여러 제품을 판매할 수 있음) • **사업자 필요 유무:** X 1. 블로그에 쿠팡 파트너스, 알리익스프레스 제휴마케팅의 제품을 소개한다. 2. 해당 제품을 검색하는 사람들이 내 블로그 글을 통해 물건을 구매한다. 3. 쿠팡 파트너스, 알리익스프레스 제휴마케팅을 통해 일정 금액의 수수료를 받는다. **중요. 대가성 문구 표시 필수** 　이 영상은 쿠팡 파트너스 활동의 일환으로, 이에 따른 일정액의 수수료를 제공받고 있습니다.
소요 시간	하루에 3시간
예상 수익	콘텐츠가 쌓이면서 수익이 달라짐 월 100~300만 원
판매 연습 스킬	1. 블로그 상위노출 지식 습득 연습 2. 판매되는 글쓰기 연습
부업 후 확장 **(사업자 필요)**	1. 블로그를 통해 위탁판매, 사입판매 등 가능 2. 블로그 지수가 높아지면 체험단 가능 3. 블로그의 이해도가 커지면 광고대행사 혹은 브랜드 블로그 관리를 통해 월 천만 원 이상 수익화 가능

유튜브 제휴마케팅

난이도 : ★★☆☆☆

내용	• **부업 개요:** 유튜브를 통해 쿠팡 파트너스, 알리익스프레스 제휴마케팅의 시스템을 활용해 남의 물건을 판매하는 부업 • **사업자 필요 유무:** X 1. 영상을 제작해주는 VREW나 AI 영상 제작프로그램을 활용해서 유튜브에 제휴마케팅 제품을 소개하는 영상을 제작한다. 2. 영상 제작 시 한 개씩 제품을 올리는게 아니라 제품을 묶어서 소개하는 영상을 올리는 게 중요하다. 예를 들어, 다이소 청소용품 베스트 3, 여행필수품 충전기 5종 등 3. 쿠팡 파트너스, 알리익스프레스 제휴마케팅을 통해 일정 금액 수수료를 받는다. 중요. **대가성 문구 표시 필수** 　　이 영상은 쿠팡 파트너스 활동의 일환으로, 이에 따른 일정액의 수수료를 제공받고 있습니다. TIP. 이제 쇼츠에도 구글 애드센스 수익이 붙기 때문에 제품을 소개하는 영상이 아닌 명언이나 이슈같은 영상을 만들어서 제작해도 수익을 낼 수 있음
소요 시간	하루 1~2시간
예상 수익	유튜브 영상이 30개 이상 쌓이기 시작하면 월 30만 이상
판매 연습 스킬	1. 비슷한 카테고리의 영상을 벤치마킹하면서 소비자들이 좋아할 만한 썸네일, 제목 찾기 연습 2. AI를 활용한 영상 제작 연습
부업 후 확장 **(사업자 필요)**	영상 제작 스킬이 늘어나면 한 가지 카테고리의 제품들로 사람들을 모아 유튜브 채널을 통한 판매 가능(유튜브 마켓 활용)

라이브 커머스(GRIP)

난이도 : ★★★★☆

내용	• **부업 개요:** 내가 좋아하는 제품, 눈여겨본 제품을 본사에 컨택해 라이브 방송을 통해 제품을 판매하는 방법 • **사업자 필요 유무:** O 1. 호불호가 없는 제품, 제품군을 컨택한다. (초반에는 재고 사입 후 판매하는 방법보다 위탁 가능 제품들이 좋음.) 2. GRIP을 통해 제품을 소개하며 판매한다. 3. 주문이 들어올 때 공급처에 주문하면 공급처에서 고객에게 배송하는 시스템이다. TIP. 네이버 라이브는 스토어 등급이 어느 정도 높아야 라이브 가능.
소요 시간	하루 2시간
예상 수익	팔로워가 쌓이면서 수익이 달라짐 월 100~500만 원
판매 연습 스킬	1. 카메라 앞에서 말하는 연습 2. 제품을 팔 때 설득력 있게 말하는 연습
부업 후 확장 (사업자 필요)	1. 모바일 쇼호스트로 진출 가능 2. 라이브의 팔로워들이 늘고 판매량이 늘어나면 폐쇄몰(지마켓, 옥션, 11번가, 쿠팡 같은 곳이 아닌 폐쇄적인 몰) 컨택해 제품을 공급받아 오픈마켓 소비자가보다 낮은 제품을 판매할 수 있음

전자책 발간

난이도 : ★★★★☆

내용	• **부업 개요:** 구매자가 원하는 부분, 궁금해하는 부분에 대해 정보를 수집해서 데이터화 후 전자책을 만들어 크몽이나 재능기부 사이트에 업로드해서 돈을 버는 방법 • **사업자 필요 유무:** X, 수익이 커지면 사업자 필요. 1. 전자책 주제를 정하기 위해, 재능기부 사이트에서 전자책 카테고리 주제를 훑어보면서 벤치마킹한다. 2. 내가 좋아하거나, 내가 할 수 있거나, 내가 배우고 싶은 것 등을 공부하며 전자책을 제작한다. 3. 재능기부 사이트에 전자책을 업로드하고 블로그나 기타 사이트로 통해서 전자책을 판매한다.
소요 시간	하루 2시간
예상 수익	전자책이 쌓이고 온라인 노출에 대한 노하우가 쌓이면 수익이 달라짐 월 100~500만 원
판매 연습 스킬	1. 소비자가 원하는 시장에서의 니즈 파악 연습 2. 판매되는 글쓰기 연습 3. 전자책을 홍보하기 위한 유튜브나 블로그로 사람을 모으는 연습
부업 후 확장 (사업자 필요)	전자책 판매가 생긴 노하우로 퍼스널 브랜딩을 하거나 위탁이나 사입 제품 판매로 확장

해외 구매대행

난이도 : ★★★☆☆

내용	• **부업 개요:** 알리익스프레스, 타오바오 같은 해외 사이트에서 제품을 소싱해 스마트스토어, 쿠팡, 지마켓, 옥션 같은 오픈마켓에서 판매 • **사업자 필요 유무:** O 1. 사업자를 내고 각종 오픈마켓과 도매몰에 가입한다. 2. 해외 사이트에 있는 제품을 번역 후 썸네일, 상세페이지, 옵션 등을 바꿔 오픈마켓에 등록한다. 3. 잘 팔리는 제품은 광고를 진행해 판매를 촉진한다.
소요 시간	하루 3~4시간
예상 수익	제품이 쌓이고 노출, 유입, 설득력에 대한 이해가 커지면 수익이 달라짐 월 100 ~500만 원
판매 연습 스킬	1. 셀러라이프나 네이버 데이터랩 데이터를 분석해 경쟁이 적은 틈새를 파악하는 연습 2. 설득력 있는 상세페이지 만드는 연습 3. 제품의 차별화 방안 고민
부업 후 확장 **(사업자 필요)**	재고를 쌓아놓고 판매하는 사입판매로 확장할 수 있고 잘 팔리는 제품은 본인만의 브랜드를 붙여 판매할 수 있음

인스타 공구

난이도 : ★★★☆☆

내용	• **부업 개요:** 인스타그램으로 팔로워를 모아 그 영향력을 가지고 공동구매를 진행해 돈을 버는 방법 • **사업자 필요 유무:** X, 거래처에서 원천징수(3.3%) 떼고 수수료 받을 수 있음 1. 카테고리를 하나 정한다. 캠핑이면 캠핑, 육아면 육아 2. 관심사 관련하여 꾸준히 업로드 + 소통이 중요하다. 3. 내 사진에 관심 가질 만한 사람들을 내가 찾아가서 맞팔한다. (#해시태그 이용) 4. 게시물 작성은 대화하듯이 작성, 편지 형태로 작성 + 해시태그 활용한다. 5. 팔로워가 많이 모이면 DM으로 공구 제안이 오는데 거기서 골라도 된다. 6. DM으로 연락오는 데가 없으면 내가 쓰는 제품을 네이버 검색해서 판매자에게 다이렉트로 연결해 저렴하게 공급해주는 업체를 찾아서 판매한다.
소요 시간	하루 1시간 꾸준히
예상 수익	같은 카테고리에 팔로워가 많을수록 수익이 커짐 월 100~ 500만 원
판매 연습 스킬	1. 인스타로 사람들을 모으는 연습 2. 사람들의 클릭을 이끌어 내는 썸네일 제작 연습 3. 제품 공급처들과의 협상력 연습
부업 후 확장 **(사업자 필요)**	인스타 공구를 통해 팔로워가 늘면 유튜브와 블로그 등 채널들을 확대해 공동구매 진행

핸드메이드 제품 판매

난이도 : ★★★★☆

내용	· **부업 개요:** 토퍼, 에코백, 스탠실 등 집에서 제작 가능한 제품들을 오픈 마켓에 올려서 판매하는 부업 · **사업자 필요 유무:** O 1. 사업자를 내고 각종 오픈마켓에 가입한다. 2. 본인이 만든 제품을 오픈마켓에 등록한다. 3. 잘 팔리는 제품은 광고를 진행해 판매를 촉진한다.
소요 시간	하루 2~3시간
예상 수익	취미를 판매로 전환시키기 좋음 자체 제작 상품이라 마진율 70% 이상 가능 월 100~ 300만 원
판매 연습 스킬	1. 소비자 니즈에 맞는 제품 디자인 벤치마킹 능력 연습 2. 온라인 판매 상위노출 능력 연습
부업 후 확장 **(사업자 필요)**	핸드메이드는 제작에 한계가 있다 보니 온라인 판매가 익숙해지면 직원을 고용해 시스템을 만들거나 시중 공산품 판매까지 확장

인스타그램 광고대행

난이도 : ★★★★☆

내용	• **부업 개요:** 블로그 광고대행과 마찬가지로 본인의 인스타그램에 음식 사진을 올려 팔로워를 모아 광고를 받아 수익을 내는 형태 • **사업자 필요 유무:** X, 거래처에서 원천징수(3.3%) 떼고 수수료 받을 수 있음 1. 가게, 음식 사진 최대 10장 인스타에 업로드- 배달 음식도 배달 포장부터 찍으면 됨. - 간단한 해시태그 10개 정도. 2. 다른 먹방 인스타그램과 맞팔, 선팔로 팔로워를 늘린다. 3. 보통 팔로워 1,000명 넘을 때부터 협찬이 들어오기 시작한다. 4. 팔로워 4,000명 넘을 쯤부터 광고 원고료 + 릴스 광고가 들어온다. 음식뿐만 아니라 책, 운동 등 다양한 카테고리에서 가능하다.
소요 시간	하루 1~2시간
예상 수익	광고글 건당 최저가 5만 원 월 100~ 500만 원
판매 연습 스킬	1. 사람들을 모으는 연습 2. 제품 사진 찍는 능력 연습
부업 후 확장 **(사업자 필요)**	음식으로 시작해 다양한 카테고리로 확장 후 인스타 광고대행사로 확장 가능

국내 위탁판매

난이도 : ★★★★☆

내용	<ul><li>**부업 개요:** 국내 도매매, 도매꾹, 오너클랜 등과 같은 도매몰 사이트에서 제품을 소싱해 스마트스토어, 쿠팡, 지마켓, 옥션 같은 오픈마켓에서 판매</li><li>**사업자 필요 유무:** O</li></ul>1. 사업자를 내고 각종 오픈마켓과 도매몰에 가입한다. 2. 도매몰에 있는 제품의 썸네일, 상세페이지, 옵션 등을 바꿔 오픈마켓에 등록한다. 3. 잘 팔리는 제품은 광고를 진행해 판매를 촉진한다.
소요 시간	하루에 3~4시간
예상 수익	제품이 쌓이고 노출, 유입, 설득력에 대한 이해가 커지면 수익이 커짐 월 100~500만 원
판매 연습 스킬	1. 틈새를 찾기 위한 키워드 찾기 연습 2. 설득력 있는 상세페이지 만드는 연습 3. 제품의 차별화 방안 고민
부업 후 확장 **(사업자 필요)**	판매가 되면 판매되는 제품들을 중국에서 사입해 마진을 높이고 판매

의류 판매 쇼핑몰

난이도 : ★★★★☆

내용	• **부업 개요:** 동대문 도매시장에서 의류를 구입 후 스마트스토어, 쿠팡, 지마켓, 옥션 같은 오픈마켓에서 판매 • **사업자 필요 유무:** O 1. 사업자를 내고 동대문에서 물건을 사입한다. 2. 제품 사진을 잘 찍고 상세페이지를 만들어 오픈마켓에 판매한다. 3. 잘 팔리는 제품은 광고를 진행해 판매를 촉진한다.
소요 시간	하루 3~4시간
예상 수익	제품이 쌓이고 노출, 유입, 설득력에 대한 이해가 커지면 수익이 달라짐 월 100~ 500만 원
판매 연습 스킬	1. 소비자가 좋아할 만한 의류 찾는 연습 (데이터를 통해 찾을 수 있음) 2. 설득력 있는 상세페이지 연습
부업 후 확장 **(사업자 필요)**	작은 카테고리부터 시작해서 판매가 많이 되면 자사몰을 만들어 내 제품을 좋아하는 사람들을 모아서 쇼핑몰을 브랜딩할 수 있음

아마존 FBA

난이도 : ★★★★★

내용	• **부업 개요:** 아마존 주문처리 서비스(Fulfillment By Amazon)를 이용하는 셀러가 되어 아마존에 상품을 등록하고 판매하는 방법 • **사업자 필요 유무:** O 1. 아마존은 쿠팡 로켓배송과 시스템이 비슷하다. 2. JUNGLE SCOUT라는 키워드 프로그램을 통해 판매할 만한 키워드를 찾는다. 3. ALIBABA를 통해 제품 공장을 찾아서 상표를 부착한다. 4. 아마존 창고로 제품을 보내면 나머지는 아마존에서 판매대행을 해준다. 판매가 안 되면 창고 수수료가 발생되며 초기 투자금이 약 500만 원 정도 필요하다. 다만 아마존 프라임 회원 수가 1억 5천만 명이 넘기 때문에 국내보다 시장이 크다.
소요 시간	하루 1~2시간
예상 수익	상품 컨택이 잘 되고 상세페이지가 설득력이 있으면 초보자 500만 원 투자 기준 월 100 ~150만 원
판매 연습 스킬	1. 해외 소비자들의 니즈 파악 연습 2. 설득력 있는 상세페이지 만드는 연습 3. 아마존 광고 연습 4. 해외 소싱 능력 배양
부업 후 확장 **(사업자 필요)**	아마존에서 제품이 잘 팔리면 K호미와 같이 전 세계로 수출 가능함

BUY

SELL

사는 동안 한 번은 팔아봐라

초판 1쇄 발행 2024년 1월 10일
초판 16쇄 발행 2024년 10월 18일

지은이 서 과장
편집인 권민창
책임편집 정윤아
디자인 김지혜
책임마케팅 김민지, 정호윤
마케팅 유인철
제작 제이오
경영지원 백선희, 권영환, 이기경

펴낸이 서현동
펴낸곳 ㈜오팬하우스
출판등록 2024년 5월 16일 제2024-000141호
주소 서울특별시 강남구 테헤란로 419, 11층 (삼성동, 강남파이낸스플라자)
이메일 info@ofh.co.kr

도서 판매 수익금은 모두 한부모 가정과 아이들의 교육을 위해 기부됩니다.

마인드셀프는 ㈜오팬하우스의 출판브랜드입니다.